Griff nach der Weltherrschaft

Deutsche Geschichte im 20. Jahrhundert

Herausgegeben von

Manfred Görtemaker
Frank-Lothar Kroll
Sönke Neitzel

Band 8

Lars Lüdicke

GRIFF NACH DER WELTHERRSCHAFT

Die Außenpolitik des Dritten Reiches 1933–1945

be.bra verlag

Abbildungsnachweis
Archiv des Verlages 9, 20, 99, 131
bpk Titelfoto
Bundesarchiv 7 (Bild 183-C13676), 34 (Bild 102-15117), 55 (Bild 102-04301A), 78 (Bild 183-C0214-0007-013)
Landesarchiv Berlin 166

Bibliografische Information der Deutschen Nationalbibliothek
Die Deutsche Nationalbibliothek verzeichnet diese Publikation in der Deutschen Nationalbibliografie; detaillierte bibliografische Daten sind im Internet über http://dnb.d-nb.de abrufbar.

Berlin-Brandenburg, 2009
KulturBrauerei Haus S
Schönhauser Allee 37, 10435 Berlin
post@bebraverlag.de
Lektorat: Matthias Zimmermann, Berling
Umschlag und Gesamtgestaltung: hawemannundmosch, Berlin
Satz: typegerecht berlin, Berlin
Schrift: Swift 10/13,9 pt
Druck und Bindung: GGP Media GmbH, Pößneck
ISBN 978-3-89809-408-5

www.bebraverlag.de

Inhaltsverzeichnis

1 Einleitung

Staatsbesuch des italienischen Verbündeten – Benito Mussolini (li.) und Adolf Hitler in München 1937. Hinter Hitler: Reichsaußenminister Constantin v. Neurath.

Der vom Deutschen Reich entfesselte Zweite Weltkrieg war nicht die zwangsläufige Folge des zwei Jahrzehnte zuvor beendeten Ersten Weltkriegs. Obwohl dessen vielschichtige Hypothek die Friedensjahre so schwer belastet hatte, dass ein neuer Großkrieg in hohem Maße wahrscheinlich war, markierte sein Ende nicht einfach den Beginn der Vorgeschichte des Zweiten Weltkriegs. Vielmehr hatte mit der Außenpolitik der Weimarer Republik unter Gustav Stresemann durchaus die Chance zu einer dauerhaft friedlichen Entwicklung Deutschlands bestanden. Am Ende jedoch obsiegten die traditionelle nationalstaatliche Machtpolitik der Präsidialkabinette und schließlich die grundstürzend-revolutionäre Diktatur Adolf Hitlers, dessen Vision weltweiter Rassenherrschaft in einer vielfach gebrochenen Tradition deutscher Geschichte stand.

Im Mittelpunkt des vorliegenden Bandes, der die Grundzüge und wesentlichen Entwicklungslinien deutscher Außenpolitik von 1933 bis 1945 untersucht, steht deshalb die Frage nach dem Übergang von der nationalistischen zur nationalsozialistischen Außenpolitik und der schrittweisen Realisierung von Hitlers Weltanschauung. Auf eine detaillierte Darstellung der einzelnen Ereignisse wurde dabei zugunsten einer Betrachtung jener Antriebskräfte verzichtet, die dem historischen Prozess zugrunde lagen. Das Hauptaugenmerk liegt mithin auf den politisch-ideologischen Grundmotiven, den Triebkräften, Zwangslagen und Handlungsspielräumen sowie wichtigsten Etappen und Wendepunkten, die zu erklären vermögen, warum die nationalsozialistische Außenpolitik so und nicht anders verlief. Einiges kann nur angedeutet, vieles muss weggelassen werden; daher sei hier noch einmal auf die in dieser Reihe erschienenen Bände zur Innenpolitik des »Dritten Reiches«, zum Zweiten Weltkrieg sowie zum Holocaust verwiesen, die verschiedene Einzelthemen präzisieren, die in dieser Untersuchung nur am Rande oder allzu knapp erwähnt werden.

Mein aufrichtiger Dank gebührt den Herausgebern dieser Reihe, die mit hilfreichen Anregungen und kritischer Lektüre die Abfassung des Manuskripts begleitet haben. Zu großem Dank verpflichtet bin ich ferner Matthias Zimmermann und Dr. Robert Zagolla vom be.bra verlag für die redaktionelle Betreuung, Martin Henniger für Kopiereichungen und Zitatüberprüfungen sowie all jenen Freunden, die ihren Teil zu diesem Band beigetragen haben.

Berlin, im November 2009
Lars Lüdicke

2 Hitlers Weltanschauung

Hitler beim Verlassen der Festung Landsberg 1924, wo er begonnen hatte seine verheerende Weltanschauung in seinem Buch *Mein Kampf* erstmals schriftlich niederzulegen.

Geschichtsbild und Judenvernichtung

In den frühen Morgenstunden des 29. April 1945, einen Tag vor seinem Selbstmord, unterzeichnete Adolf Hitler im Bunker unter der Reichskanzlei sein politisches Testament, das er kurz zuvor diktiert hatte. Das als Rechtfertigungsversuch vor der Geschichte konzipierte Dokument war eine Mischung aus Unschuldsbeteuerungen und Widerstandsappellen. Es schloss mit dem Satz: »Vor allem verpflichte ich die Führung der Nation und die Gefolgschaft zur peinlichen Einhaltung der Rassegesetze und zum unbarmherzigen Widerstand gegen den Weltvergifter aller Völker, das internationale Judentum.«[1] Bereits mehr als ein Vierteljahrhundert zuvor, im September 1919, hatte Hitler die gleiche Fixierung erkennen lassen. »Alles, was Menschen zu Höherem streben läßt, sei es Religion, Sozialismus, Demokratie«, so der Wortlaut seines ersten politischen Schriftstücks, sei dem Juden »nur Mittel zum Zweck, Geld- und Herrschgier zu befriedigen. Sein Wirken wird in seinen Folgen zur Rassentuberkulose der Völker, und daraus ergibt sich folgendes: Der Antisemitismus aus rein gefühlsmäßigen Gründen wird seinen letzten Ausdruck finden in der Form von Progromen [sic!]. Der Antisemitismus der Vernunft jedoch muß führen zur planmäßigen gesetzlichen Bekämpfung und Beseitigung der Vorrechte der Juden [...]. Sein letztes Ziel aber muß unverrückbar die Entfernung der Juden überhaupt sein.«[2] Es war das Axiom der Existenz verschiedenwertiger »Rassen«, das zugleich am Anfang von Hitlers verbrecherischer Weltanschauung stand. Alles, was für die Gedankenbildung zwischen dem ersten und dem letzten politischen Schriftstück in Hitlers Leben zentral war, hat hier seinen Ursprung: der Kampf gegen Internationalismus und Pazifismus, Kapitalismus und Bolschewismus; der Plan zur Entfesselung eines in der Geschichte beispiellosen Krieges, in dem Lebensraum erobert und andere Völker unterworfen oder vernichtet werden sollten; die Absicht zur Vernichtung der Juden ebenso wie die als Euthanasie bezeichnete Tötung von »lebensunwertem Leben« und die eugenischen »Maßnahmen«.

Bereits in den Jahren 1924 bis 1926 hatte Hitler seine Weltanschauung in zwei Teilbänden skizziert, die später zu einem Buch zusammengefasst und als *Mein Kampf* herausgegeben wurden. Große Teile davon entstanden in der Zeit seiner Landsberger Festungshaft, zu der er nach dem gescheiterten Putschversuch vom 9. November 1923 verurteilt worden war. 1928 folgte ein zu seinen Lebzeiten unveröffentlichtes *Zweites Buch*, das sich insbesondere außenpolitischen Grundvorstellungen widmete. Lange bevor Hitler am 30. Januar 1933 zum Reichskanzler ernannt wurde, sein mörderisches Regime errichtete und nach einer Periode außenpolitischer Triumphe und gewaltiger Aufrüstung in die Lage versetzt wurde, einen Eroberungs- und Vernichtungskrieg zu entfesseln, waren somit die Grundzüge jener Ideologie gelegt, die seinem Handeln zugrunde lag. Trotz situationsbedingter Umwege bleibt seine Fixierung auf die in den 1920er

Jahren skizzierten außenpolitischen und rassenideologischen Endziele unverkennbar. Vor allem trat die im Ganzen planvolle Absicht des im politischen Alltag nicht selten zögerlichen Diktators immer dann deutlich hervor, wenn es um Richtungsentscheidungen im Sinne seines »geschichtlichen Auftrages«[3] ging, als dessen Vollstrecker er sich empfand.

Im Mittelpunkt von Hitlers Weltanschauung stand der Glaube an Völker und Rassen als Träger der Geschichte. Mit diesen Begriffen, die er unscharf und synonym verwandte, erhob er im Gegensatz zum Historischen Materialismus nicht sozial-ökonomische, sondern ethnisch-biologische Gruppen zu geschichtsmächtigen Faktoren, die in seinem sozialdarwinistischen Geschichtsbild die Entwicklung der Menschheit voranbrachten: Geschichte war für Hitler die »Darstellung des Verlaufs des Lebenskampfes eines Volkes«, und »alles weltgeschichtliche Geschehen« erschien nur als »die Äußerung des Selbsterhaltungstriebes der Rassen«. Der Rassenkampf wurde damit zum »Schlüssel zur Weltgeschichte«.[4] Rassen standen in Hitlers Vorstellung in einem ständigen Lebenskampf gegeneinander, der im »Naturgesetz aller Entwicklung« nur den Stärkeren überleben ließ, so dass dieser fortschreitende Ausleseprozess die »Höherzüchtung der Kraft und Stärke des Siegers« ermöglichte.[5] Mit dem ständigen Lebenskampf – dem Ausgangs- und Bezugspunkt seines Denkens – gewannen der Krieg und mithin der massenhafte Tod eine selbstverständliche, vermeintlich naturgewollte Qualität. Jede Beschränkung dieses angeblichen Prinzips sei wider die Natur, denn: »Im ewigen Kampfe ist die Menschheit groß geworden, im ewigen Frieden geht sie zugrunde.«[6]

Kampf wurde somit zum quasi normalen Zustand, Krieg war Hitler »das Natürlichste, Alltäglichste. Krieg ist immer, Krieg ist überall. [...] Krieg ist Leben. Krieg ist jedes Ringen. Krieg ist Urzustand.«[7] In Hitlers verklärter Darstellung eines vermeintlich bestehenden Existenzkampfes wurde das Lebensinteresse der einen Gruppe somit schlichtweg dem der anderen ebenso geopfert, wie Einzelschicksale dem der Gruppe untergeordnet blieben.

Recht und Moral bezogen ihre Rechtfertigung lediglich aus der Theorie der rassischen Bestenauslese. Die Humanität des Menschen, meinte Hitler, sei »nur die Dienerin seiner Schwäche und damit in Wahrheit die grausamste Vernichterin seiner Existenz«[8], denn erst der Kampf, die Unterwerfung und Vernichtung des Schwächeren, führe zur Existenzsicherung des Stärkeren.

Beobachtungen aus dem Tierreich und deren absurde Übertragung auf den Menschen führten Hitler dazu, das Axiom vom Selbsterhaltungstrieb des Individuums auf der Ebene von Völkern und Rassen anzuwenden, womit jene Rassen obsiegen würden, in denen die Individuen »Opfersinn« bewiesen, also ihren individuellen Selbsterhaltungstrieb zugunsten des Gemeinwesens zurückstellten. Am stärksten sei dieser »Aufopferungswille [...] beim Arier ausgebildet«. Alles, »was wir heute an menschlicher Kultur, an Ergebnissen von Kunst, Wissenschaft und Technik vor uns sehen«, lautet die viel zitierte Passage aus *Mein Kampf*, sei »nahezu ausschließlich schöpferisches Produkt des Ariers«.[9] Neu war diese Geschichtsauffassung nicht, die den Arier zum Träger der Entwicklung und zum Begründer menschlicher Kultur erhob. Vielmehr stand Hitler in einer geistesgeschichtlichen Tradition, die in ihren Ursprüngen bis weit in das 19. Jahrhundert zurückreichte.

Überkommenes Gedankengut der überlieferten Rassentheorien war die Grundlage dafür, den Gang der Weltgeschichte nach dem immer gleichen Muster zu interpretieren, nämlich als Geschichte der Eroberung fremder Völker durch den Arier, der sich die unterworfenen Völker dienstbar machte und somit die Menschheit zu neuer Blüte entwickelte. Auch die Annahme, dass die Arier durch »Bluts- und Rassevermischung« ihre geistigen und organisatorischen Fähigkeiten verlieren würden, so dass der unausweichliche Niedergang der Kultur einsetzte, war schon im kulturpessimistischen Denken des 19. Jahrhunderts anzutreffen gewesen. Hitler aber kehrte diese Idee in einen aggressiven Vernichtungsvorsatz um und verlieh damit seiner Weltanschauung den fundamental neuen und radikalen Charakter. Sein mörderischer Rassenwahn, der mit dem überlieferten Antisemitismus deutscher und europäischer Tradition nur in Ansätzen zu tun hatte, zielte als eine Art säkulare Mission zur Rettung der Menschheit gegen diejenigen, die angeblich die Träger der kulturzerstörenden und staatszersetzenden Eigenschaften waren: die Juden. Sie galten Hitler als Urheber und Träger der Idee von der Gleichheit aller Menschen, von Internationalismus, Demokratie und Pazifismus, kurzum, jener Verständigungsideen, die die Rassen vom Lebenskampf und somit vom »aristokratischen Grundgedanken der Natur«, dem »Willen der Natur zur Höherzüchtung des Lebens überhaupt«, abhielten, wodurch der »Vorbedingung zu allem menschlichen Fortschritt« die Grundlage entzogen war.[10]

Nach Hitlers abstrusem Denkmuster konnten nämlich die Juden keinen Staat unterhalten, mussten also ihren Lebenskampf auf andere Weise führen: »Das jüdische Volk kann mangels eigener produktiver Fähigkeiten einen Staatsbau räumlich empfundener Art nicht durchführen, sondern braucht als Unterlage seiner eigenen Existenz die Arbeit und schöpferische Tätigkeit anderer Nationen. Die Existenz des Juden selbst wird damit zu einer parasitären innerhalb des Lebens anderer Völker.« Das »Endziel« der Juden sei »die Entnationalisierung, die Durcheinanderbastardisierung der anderen Völker, die Senkung des Rassenniveaus der Höchsten sowie die Beherrschung dieses Rassenbreies durch Ausrottung der völkischen Intelligenz und deren Ersatz durch die Angehörigen seines eigenen Volkes« sowie die »Versklavung produktiv tätiger Völker«.[11] Als jüdisch galt Hitler somit all das, was gegen das »Lebenskampfprinzip« verstieß: die internationale Solidarität der Linken – gleichviel ob in marxistischer oder sozialdemokratischer Form – oder das internationale Börsenkapital. Ebenso als jüdisch verhasst waren ihm die auf die Gleichheit aller Menschen gründende Demokratie und die »Herrschaft des Parlamentarismus«. Eine parlamentarische Demokratie nämlich entspräche am meisten jüdischen »Bedürfnissen; schaltet sie doch die Persönlichkeit aus – und setzt an ihre

Stelle die Majorität der Dummheit, Unfähigkeit und nicht zum letzten aber der Feigheit«. Im Bolschewismus nunmehr, »in der organisierten Masse des Marxismus«, hätte der Jude »die Waffe gefunden, die ihn die Demokratie entbehren läßt und ihm an Stelle dessen gestattet, die Völker diktatorisch mit brutaler Faust zu unterjochen und zu regieren«: »Das furchtbarste Beispiel dieser Art bildet Rußland, wo er an [die] dreißig Millionen Menschen in wahrhaft fanatischer Wildheit teilweise unter unmenschlichen Qualen tötete oder verhungern ließ, um einem Haufen jüdischer Literaten und Börsenbanditen die Herrschaft über ein großes Volk zu sichern.«[12]

Ließen sich mit der Gleichsetzung von »jüdisch« und »international« selbst solche Gegensatzpaare wie »Bolschewismus« und »Börsenkapitalismus« zusammenbringen und die Frontstellungen gegen Parlamentarismus und Demokratie, gegen Völkerbund und Republik, gegen Marxismus und Bolschewismus begründen, so lag dieser taktische Beweggrund seinem Rassenantisemitismus nicht *ursächlich* zugrunde. Vielmehr ergab sich dieser als *abgeleiteter* Faktor aus Hitlers irrationalem Geschichtsbild, das ihn trotz aller bestehenden Widersprüche und Unschlüssigkeiten mit einer ihn überzeugenden Geschlossenheit an seinen »geschichtlichen Auftrag« glauben ließ. Erst daraus erklären sich sein Sendungsbewusstsein und sein fanatischer, bis in den eigenen Untergang hinein verfolgter Vernichtungswille, mit dem er seinen universalen Feind, die Juden, bekämpfte.

In der Tat hatte Hitler seine Lebenskampfideologie mit erschütternd radikaler Konsequenz zu Ende gedacht: Da durch »Rassenvermischung« der »Rassewert« sinke und da die Menschheit mit dem Untergang der arischen Völker die Fähigkeit zum Unterhalt von Staaten und zur Entwicklung von Kultur verliere, sei die »Weltherrschaft« der Juden gleichbedeutend mit dem Untergang der Menschheit schlechthin: »Nach dem Tode des Opfers stirbt auch früher oder später der Vampir.« Erst daraus erklärt sich Hitlers apokalyptische Vision eines Endkampfes zwischen der »arischen« und der »jüdischen Rasse«, die ihn wahnhaft vorwärts trieb, und die sich schlaglichtartig in dem Satz bündelte: »Siegt der Jude mit Hilfe seines marxistischen Glaubensbekenntnisses über die Völker dieser Welt, dann wird seine Krone der Totentanz der Menschheit sein, dann wird dieser Planet wieder wie einst vor Jahrmillionen menschenleer durch den Äther ziehen. Die ewige Natur rächt unerbittlich die Übertretung ihrer Gebote. So glaube ich heute im Sinne des Allmächtigen Schöpfers zu handeln: Indem ich mich des Juden erwehre, kämpfe ich für das Werk des Herrn.«[13] In diesem Wahnbild, das Hitler manisch trieb, fiel Deutschland nicht weniger als die Aufgabe zu, die Zukunft der Menschheit zu retten.

Hitler war somit nicht einfach nur Rassist und Antisemit: Während Geisteskranke, »Asoziale«, Homosexuelle oder Sinti und Roma seinem aus dem Rassendogma kommenden Höherzüchtungsplan zum Opfer fallen sollten, galt sein eigentlicher Vernichtungsvorsatz den Juden, die in seiner absurden Vision die Menschheit aktiv bedrohten. Sie zu vernichten, fasste Hitler als »seine Mission«, als »eine Art Kreuzzug zur Erlösung der Welt« auf.[14]

Lebensraumkrieg, Bündnispläne und Endziele

Auf das Engste war Hitlers pathologische Sendungsidee mit jenem Krieg verknüpft, der seit der Niederschrift von *Mein Kampf* für sein Denken konstitutiv war: »Im russischen Bolschewismus haben wir den im zwanzigsten Jahrhundert unternommenen Versuch des Judentums zu erblicken, sich die Weltherrschaft anzueignen«, heißt es in *Mein Kampf*. Damit wurde der Krieg gegen die Sowjetunion bereits Mitte der 1920er Jahre zu jenem zentralen Grundgedanken, den Hitler als die »geschichtliche Mission des Nationalsozialismus« bezeichnete. Nur die Erwerbung von »neuem Grund und Boden« führe aus jener vermeintlichen »Beengtheit des Lebensraumes« hinaus, die sich aus dem »Mißverhältnis zwischen unserer Volkszahl und unserer Bodenfläche« ergäbe, so dass die »Nationalsozialisten bewußt einen Strich unter die außenpolitische Richtung unserer Vorkriegszeit« zögen und »die Kolonial- und Handelspolitik der Vorkriegszeit« abschlössen, um »zur Bodenpolitik der Zukunft« überzugehen.[15]

In Hitlers Weltanschauung, in der Krieg und Eroberung den »Normalzustand« bildeten, existierten schlichtweg keine Überlegungen zu Außenwirtschaftspolitik und Güteraustausch. Ebenso verwarf er jeden Gedanken an koloniale Expansion, die vor allem im wilhelminischen Deutschland als Ausweg erschienen war, um die anwachsende Bevölkerung sowie die wirtschaftlichen Überkapazitäten abzuleiten. Stieg die Geburtenzahl, so wurde nach Hitlers Denkfigur der Lebensraum zu eng und das (bevölkerungsmäßig) stärkere Volk musste sich ausdehnen, neue Gebiete erobern und wiederum für Bevölkerungsvermehrung zur Besiedelung sorgen. Stagnierte oder sank nämlich die Bevölkerungszahl, drohte in der Dialektik seines Geschichtsbilds der Verlust des Lebensraums, den dann ein anderes, stärkeres Volk eroberte.

Somit hoben sich Hitlers Pläne zur Eroberung von Lebensraum fundamental vom deutschen Revisionismus ab, der nach dem Ersten Weltkrieg auf die Rückgewinnung der verlorenen Gebiete abzielte. Die Wiederherstellung der Grenzen des Jahres 1914 zu fordern, sei ein »politischer Unsinn von Ausmaßen und Folgen, die ihn als Verbrechen erscheinen lassen«; Kolonialbesitz zu erobern sei unzulänglich, da in erster Linie die zusammenhängende Grundfläche des Mutterlandes vergrößert werden müsse; der Krieg gegen den »Erzfeind« Frankreich sei deshalb nur als strategischer Vorbereitungsschlag zu führen, um mit der Vernichtung des westlichen Nachbarn die Rückenfreiheit für das eigentliche Ziel, die Ostexpansion, zu gewinnen.[16] In Hitlers menschenverachtender Lebenskampfideologie gewann der Krieg gegen die Sowjetunion somit eine doppelte Zielrichtung: als Krieg zur Eroberung des vermeintlich überlebensnotwendigen Raumes *und* als Vision eines apokalyptischen Endkampfes zur Vernichtung des jüdischen Bolschewismus. Folgerichtig wurde der Krieg gegen die Sowjetunion zum zentralen Ziel in Hitlers Weltanschauung. Mit unverkennbarer Zielgerichtetheit, die bisweilen von taktischen Rücksichten und Umwegen überdeckt blieb, steuerte Hitler auf die Entfesselung dieses Krieges zu, der schon Mitte der 1920er Jahre sein Denken geprägt hatte.

Ebenso versuchte er die deutsche Außenpolitik immer wieder an jenen Bündnisüberlegungen auszurichten, die er in *Mein Kampf* und dem *Zweiten Buch* skizziert hatte. Ausgangspunkt seines in diesen Schriften programmatisch entworfenen Bündnisplanes, dessen Verfolgung schließlich sein Gegenteil hervorbrachte, war die Aufteilung der Welt in Interessensphären: Italien sollte sich im Mittelmeerraum, Großbritannien in Übersee ausdehnen; dadurch würde für Deutschland der Weg zur kontinentalen Raumeroberung frei, die in erster Linie in die Weiten des Ostens führen sollte. Zwingend und widerspruchsfrei war dieses »Konzept« in vielerlei Hinsicht nicht, und doch hatte Hitler sein rassisches Axiom und seine machtpolitischen Grundsätze zu einem System zusammengezwungen, das ihm selbst geschlossen erschien. Darin hatte er den Krieg gegen Frankreich mit dem Kampf um Lebensraum zusammengefügt, die kolonialen Ambitionen zugunsten des englischen Bündnisses zurückgestellt und schließlich für das Bündnis mit Italien den Verzicht auf die deutschsprachigen Südtiroler erklärt, die im italienischen Staat verbleiben sollten, obwohl im Parteiprogramm der Nationalsozialistischen Deutschen Arbeiterpartei (NSDAP) von 1920 der Zusammenschluss aller Deutschen propagiert worden war. Ausgangs- und Zielpunkt all dieser Überlegungen war die Schaffung eines gewaltigen Kontinentalreiches, das allerdings wohl nur den Anfang einer sehr viel weiter reichenden Vision darstellte.

Als totalitäre politische Religion nämlich bezog der Nationalsozialismus seinen Sinn aus Hitlers pseudoreligiösem Sendungsbewusstsein, das sich in der Vernichtung der Juden und der Eroberung von Lebensraum im Osten bei weitem noch nicht erschöpfte. »Wer den Nationalsozialismus nur als politische Bewegung versteht, weiß fast nichts von ihm. Er ist mehr noch als Religion: er ist der Wille zur neuen Menschenschöpfung«[17], lautet einer der überlieferten Sätze Hitlers, in denen sich sein Ziel, die Religion zu überwinden, andeutete. Wiederholt erklärte Hitler, dass es notwendig sei, das Christentum zu überwinden, das die Gesetzmäßigkeiten der Natur außer Kraft gesetzt habe: Für ihn musste, da der »jüdische« Geist in ein ursprünglich »arisches« Christentum eingegangen war, auf die physische Vernichtung der Juden eine Kulturrevolution gegen das Christentum folgen, um den jüdischen Einfluss in Gestalt der christlichen Religion zu beseitigen. Die in der Geschichte beispiellose Ermordung der Juden erschien somit als Vorbedingung für eine gleichermaßen beispiellose Revolution gegen jene Werte, die Geschichte und Moderne hervorgebracht hatten. Erst wenn der Grundsatz der Gleichheit aller Menschen aufgehoben und das Gebot, nicht zu töten, ausgemerzt wären, würde eine vor 2000 Jahren begonnene historische Fehlentwicklung korrigiert und der naturgewollte Zustand – der Kampf ums Dasein – wieder hergestellt werden. Das war der Hintergrund, den Hitler in einem Brief vom Jahresende 1941 an Mussolini andeutete, in dem er schrieb, im Krieg wolle er »wieder zu den Bahnen von einst zurückkehren«, um die »Unterbrechung« der »menschliche[n] Entwicklung in den letzten 1½ tausend Jahre[n]« zu beenden.[18] Erst in dieser Perspektive erschließt sich die ganze Dimension der verbrecherischen Radikalität seiner Weltanschauung: Er wollte die ins Christentum eingegangene jüdische Moral vom »Gesetz der Liebe«[19] beseitigen und an dessen Stelle den Kampf ums Dasein setzten. Damit sei dann der naturgewollte Zustand, »das Walten der Naturgesetze im gesamten Universum«, wiederhergestellt. Dem »Rasse-Gedanken als der Grundlage des Lebens gegen eine Welt von Unverstand zum Sieg verholfen zu haben«, war das Fernziel jenes Mannes, der sich nach eigenem Bekunden »nur als der Vollstrecker eines geschichtlichen Willens« fühlte.[20] Im Krieg wollte Hitler mit den Mitteln der Moderne den historischen Prozess der Modernisierung aufhalten und stattdessen eine Entwicklung in Gang setzen, die von Kampf, Vernichtung und Höherzüchtung geprägt sein und in der Utopie einer ewig währenden weltweiten Rassenherrschaft gipfeln sollte.

Unverkennbar wiesen Hitlers Mitte der 1920er Jahre verfassten Traktate bereits alle Elemente seiner zutiefst menschenverachtenden, verbrecherischen Ideologie auf, die bis zu seinem Ende die Grundlinien seiner Politik bestimmen sollten. Der Glaube des wahnhaft Getriebenen, aus dem er seinen radikalen Fanatismus bezog, galt der Rückkehr zu geschichtlichen Gesetzmäßigkeiten, die es so nie gegeben hatte, und zielte zugleich mit der Utopie einer globalen Rassenherrschaft ins Ahistorische. In dieser Radikalität, die jede Grenze des Humanen, Moralischen und Materiellen sprengte, lag das qualitativ Neuartige der Weltanschauung Hitlers, die sich fundamental von jedem noch so weitreichenden Ziel der überlieferten Revisionspolitik und auch von den wilhelminischen Weltmachtambitionen abhob. Der totalitäre, in jeder Hinsicht revolutionäre Charakter seiner Vorstellungen blieb freilich relativ lange unerkannt und wurde weithin unterschätzt, gerade weil die alles umstürzende Zielsetzung seiner Idee nicht vorstellbar war. Die alten Eliten jedenfalls glaubten, ihre traditionelle Großmachtpolitik gerade unter Hitler weitertreiben zu können, auch wenn der neue Kanzler bereits wenige Tage nach seiner Berufung in Ansätzen zu erkennen gab, wie ungebrochen er an seinen Fixierungen festhielt.

3 Die Rahmenbedingungen im Jahr 1933

Nach dem Tod des Reichspräsidenten Paul von Hindenburg, der Hitler am 30. Januar 1933 zum Kanzler ernannt hatte, war der Weg endgültig frei für die nationalsozialistische Diktatur.

Innenpolitische Perspektive

Am Abend des 3. Februar 1933, vier Tage, nachdem ihn Reichspräsident Paul von Hindenburg zum Reichskanzler ernannt hatte, traf Adolf Hitler bei einem Essen in der Wohnung des Chefs der Heeresleitung, General Kurt von Hammerstein-Equord, auf die Gruppen- und Wehrkreisbefehlshaber der Reichswehr und den neuen Reichswehrminister Werner von Blomberg.

Anlass des Zusammenkommens war der Geburtstag des Reichsaußenministers, Constantin Freiherr von Neurath, dem die Reichswehrführung ihren Dank entbieten wollte: Neurath, der im Juni 1932 in das unter Franz von Papen gebildete Präsidialkabinett eingetreten war, hatte in den zurückliegenden Monaten einen Revisionskurs verfolgt, der ganz im Sinne der Reichswehrführung gewesen war.

Mit reservierter Distanz und nicht ohne herablassende Arroganz empfingen die Befehlshaber von Heer und Marine den neu ins Amt gekommenen Kanzler, der sichtlich verlegen blieb, bis er nach dem Abendessen eine zweistündige Rede hielt, in der er ausführlich – wenngleich nicht vollständig – seine Pläne skizzierte. Das »Ziel der Gesamtpolitik« sei die »Wiedergewinnung der pol[itischen] Macht« durch die »völlige Umkehrung der gegenwärt[igen] innenpol[itischen] Zustände«. Die »Ausrottung des Marxismus mit Stumpf und Stiel« und die »Beseitigung des Krebsschadens der Demokratie« müsse durch »straffste autoritäre Staatsführung« sichergestellt, die »Stärkung des Wehrwillens« im gesamten Volk »mit allen Mitteln« durchgesetzt werden. »Einstellung der Jugend u[nd] des ganzen Volkes auf den Gedanken, daß nur d[er] Kampf uns retten kann«, protokollierte ein Anwesender die Worte des Kanzlers. Nach außen, so Hitler, müsse der »Kampf gegen Versailles« fortgesetzt werden. Der »Aufbau der Wehrmacht« sei dafür die »wichtigste Voraussetzung [...]. Allg[emeine] Wehrpflicht muß wieder kommen. [...] Wie soll pol[itische] Macht, wenn sie gewonnen ist, gebraucht werden? Jetzt noch nicht zu sagen. Vielleicht Erkämpfung neuer Export-Mögl[ichkeiten], vielleicht – und wohl besser – Eroberung neuen Lebensraums im Osten u[nd] dessen rücksichtslose Germanisierung.«[1]

In einer anderen Überlieferung heißt es, Hitler habe »in immer grösserer Ekstase, über den Tisch gelegt, gestikulierend« seinen Gedankengang entwickelt. »Wie im Leben der Einzelnen sich stets der Stärkere und Bessere durchsetzt, so im Leben der Völker. Die starke europäische Rasse, eine kleine Minderheit hat sich Jahrhunderte lang Millionen Menschen dienstbar gemacht und auf ihrem Rücken die europäische Kultur aufgebaut.« Am Ende seiner Ansprache, die er »nach Art seiner Agitationsreden« hielt, entwarf er als Ziel die »Ausweitung des Lebensraumes« mit »bewaffneter Hand« nach Osten. »Doch eine Germanisierung der Bevölkerung des annektierten bezw. eroberten Landes ist nicht möglich. Man kann nur Boden germanisieren.«[2]

Ganz unverkennbar hatte Hitler in seiner Rede sein schon in *Mein Kampf* formuliertes Axiom vom Lebensraum wiederholt, das der Zuhörerkreis als Propagandaformel verkannte. Zudem war Hitlers Zusicherung, die Wehrmacht als unpolitische und überparteiliche Institution erhalten zu wollen, deren Aufgabe nicht der Kampf im Innern sein sollte, bei den Offizieren sehr willkommen. Im Ganzen schien sich der Reichswehr somit unter der Kanzlerschaft Hitlers eine verheißungsvolle Perspektive zu eröffnen: Die Monopol- und Machtstellung der Armee war garantiert, der Aufrüstung die ungeteilte Unterstützung zugesagt worden, und die innenpolitische Auseinandersetzung sollte von den Verbänden der NSDAP geleistet werden.

Auch beim Außenminister überwogen die Erwartungen die geringen Bedenken bei weitem. Das todernste Dogma, das sich hinter den vagen Ausführungen des neuen Kanzlers verbarg, hatte Neurath offenbar nicht erfasst. Als württembergischer Aristokrat war er von jeher Verfechter einer auf militärische Stärke gegründeten Großmachtpolitik gewesen. Aus Pflichtgefühl dem Vaterland gegenüber, an dessen Wiederaufstieg er mitwirken wollte, hatte er zwischen 1919 und 1932 als Diplomat die Weimarer Republik repräsentiert, deren parlamentarisch-demokratisches System er jedoch eigentlich ablehnte. Die prägendste Station seiner Diplomatenkarriere war die Zeit in Italien zwischen 1922 und 1930 gewesen: Hier hatte er Mussolinis »Marsch auf Rom« und vor allem den anschließenden Wandel des krisengeschüttelten Italiens zur »stabilen« faschistischen Diktatur miterlebt, die ihm in verschiedener Hinsicht zum Vorbild wurde. Neidvoll hatte er die Ersetzung von Pluralismus und Parlamentarismus durch ein autoritäres Regime sowie die von Mussolini sukzessiv vorangetriebene Militarisierung und Gleichschaltung des öffentlichen Lebens bewundert. Ähnliches sollte sich nach seinem Wunsch in Deutschland wiederholen. Bereits im Krisenjahr 1923 hatte er gehofft, dass »doch auch bei uns ein Mussolini kommen«[3] würde. Getrieben von dem Willen, dereinst wieder eine auf innere Geschlossenheit und Aufrüstung gestützte

Großmachtpolitik betreiben zu können, stellte er sich daher als Außenminister in den Dienst Hitlers, der die Wiederwehrhaftmachung sowie den Kampf gegen Demokratie, Pazifismus und Bolschewismus als Ziel vorgab und der doch in jeder Hinsicht radikaler und totalitärer dachte als Mussolini.

Nicht grundsätzlich anders waren Haltung und Kalkül der Spitzendiplomaten im Auswärtigen Amt. Staatssekretär Bernhard Wilhelm von Bülow, ein Patenkind Kaiser Wilhelms II. und ein Neffe des ehemaligen Reichskanzlers, Bernhard von Bülow, stand für einen außenpolitischen Kurs, der das Reich zur Hegemonialmacht Europas machen sollte. Dem Nationalsozialismus begegnete er zwar mit Skepsis, ja Ablehnung. Als pflichttreuer Preuße und Staatsdiener verblieb er dennoch bis zu seinem Tod 1936 im Amt mit der Begründung: »Man läßt sein Land nicht im Stich, weil es eine schlechte Regierung hat.«[4] Bülows Nachfolger, Hans Georg von Mackensen, war ein Sohn des im Ersten Weltkrieg gerühmten Feldmarschalls August von Mackensen. Er, der im Jahr 1926 die Tochter Neuraths geheiratet hatte, war stärker noch als sein Schwiegervater ein Bewunderer Mussolinis und brachte Hitler und der NSDAP unverkennbare Sympathie entgegen. Lediglich ein einziger Spitzendiplomat, der deutsche Botschafter in Washington, Friedrich von Prittwitz und Gaffron, quittierte 1933 aus politischen Gründen seinen Dienst. Für alle anderen galt in unterschiedlicher Variation im Grunde jene Haltung, die der aufstrebende Diplomat Ernst von Weizsäcker mit den Worten kennzeichnete: »Unsereiner *muß* die neue Ära stützen. Denn was käme denn nach ihr, wenn sie versagte!«[5]

Die Spitzen der deutschen Diplomatie entstammten allesamt adligen und großbürgerlichen Kreisen. Sie waren größtenteils zur Kaiserzeit in das Auswärtige Amt eingetreten, durch einen ausgeprägten Korpsgeist zusammengeschweißt, vielfach auch untereinander freundschaftlich und verwandtschaftlich verbunden und vertrauten im Glauben an ihre fachliche Überlegenheit darauf, unersetzbar zu sein. Man überschätze »die außenpolitische Tragweite des Regierungswechsels«, telegrafierte Bülow an den deutschen Botschafter in Moskau. »Die Nationalsozialisten in der Verantwortung sind natürlich andere Menschen und machen eine andere Politik als sie vorher verkündet haben. Das ist immer so gewesen und bei allen Parteien dasselbe. Die Person von Neurath und auch von Blomberg garantieren das Fortbestehen der bisherigen politischen Beziehungen.« Er jedenfalls erwarte »keinerlei Änderungen in der Außenpolitik. [...] Es wird hier wie anderswo immer noch mit Wasser gekocht.«[6]

Bülows selbstsichere wie zweckoptimistische Prognose, dass man außenpolitische Abenteuer des Dilettanten Hitler verhindern könne, spiegelt exemplarisch die weit verbreitete Haltung der Diplomatenelite wider. Alle, die über den 30. Januar 1933 hinweg im Amt verblieben und ihre Sachkompetenz dem neuen Regime zur Verfügung stellten, versprachen sich von der lang ersehnten innenpolitischen Einigung nunmehr stärkeren Einfluss auf den Kurs der Außenpolitik, der auch zukünftig nicht *ohne* und schon gar nicht *gegen* sie gesteuert werden könnte.

Probleme der europäischen Nachkriegsordnung

Die Errichtung des Faschismus in Italien hatte den Auftakt einer politischen Entwicklung markiert, die die Zwischenkriegszeit prägte. Zuvor hatte bereits Ungarn seine Demokratie zugunsten einer Reichsverweserschaft aufgegeben. Auch Bulgarien, Spanien, die Türkei, Albanien, Polen, Portugal, Litauen, Jugoslawien und Rumänien wandelten sich in den 1920er Jahren zu autoritären oder diktatorischen Systemen; in den 1930er Jahren folgten Österreich, Estland, Lettland und Griechenland. Gegen diese antidemokratische Grundtendenz der Zeit erhielt sich von den nach dem Ersten Weltkrieg in Mittel-, Ost- und Südosteuropa neu bzw. wieder gegründeten Staaten nur die Tschechoslowakei ein demokratisches System.

Die äußeren Rahmenbedingungen spielten dem neuen Kanzler Hitler somit begünstigend zu. Innerhalb der allgemeinen Demokratiekrise, die ein gesamteuropäisches Phänomen war, nahm sich der an die Macht gelangte Nationalsozialismus erst einmal nur als deutsche Variante der zeitgenössischen Tendenz zur Etablierung autoritärer Regime aus. Die westlichen Demokratien richteten lange Zeit sogar die Erwartung an Hitlers Reich, es möge die stets verkündete Rolle als »Bollwerk« gegen die bolschewistische Weltrevolution einnehmen. Hitler konnte dadurch als Verteidiger einer Ordnung auftreten, deren Zerstörung sein eigentlicher Vorsatz war. Diese Gefahr wurde vielfach nicht wahrgenommen, ja im Ausland glaubte man, der aus Österreich stammende Kanzler könne kaum radikaler sein als seine konservativen Minister, die in der Tradition des wilhelminischen Preußens zu stehen schienen.

Dennoch wurde die politische Entwicklung in Deutschland mit Misstrauen und Sorge beobachtet, gerade weil das Reich trotz der Niederlage im Ersten Weltkrieg noch immer das bevölkerungsreichste europäische Land westlich der Sowjetunion und die wirtschaftlich stärkste Macht auf dem Kontinent war. Als Großmacht, vor allem militärisch, bestand das Reich nach 1918 zumindest potenziell fort. Doch nicht allein die deutschen Revisionstendenzen, die das europäische Gleichgewicht zu verschieben drohten, standen den Versuchen zur Stabilisierung Europas entgegen. Seit den Pariser Vorortverträgen, die die alliierten und assoziierten Siegermächte des Ersten Weltkriegs in den Jahren 1919 und 1920 mit den unterlegenen Mittelmächten Deutschland, Österreich, Bulgarien, Ungarn und dem Osmanischen Reich geschlossen hatten, spaltete sich ganz Europa in einen »Klub konservativer Verteidiger oder doch Anhänger des Status quo«[7] und in Staaten, die diesen Status quo revidieren wollten. Zu letzteren gehörte Ungarn, das mit dem Friedensvertrag nahezu drei Viertel des Territoriums und zwei Drittel der Bevölkerung verloren hatte, vor allem aber auch die Siegermacht Italien, die ihre Forderungen nach weit reichendem Gebietsgewinn nicht hatte durchsetzen können und unter dem Schlagwort vom »verstümmelten Sieg« ihre imperialistischen Ambitionen in die Zukunft richtete. Frankreich auf der anderen

Seite, die Hauptgewährsmacht der neuen Ordnung, suchte ein strategisches Bündnis mit jenen Ländern, die Gebietsgewinne oder gar ihre eigene Staatlichkeit den Friedensverträgen verdankten. Das waren insbesondere das wieder entstandene Polen sowie die neu gegründeten Staaten Tschechoslowakei und Jugoslawien, die aus der Erbmasse der zerfallenen Vielvölkerreiche hervorgegangen waren.

Kontinuitäten und Diskontinuitäten deutscher Außenpolitik

In dem am 28. Juni 1919 unterzeichneten Friedensvertrag von Versailles hatte Deutschland sämtliche Kolonien verloren und zudem einschneidende Gebietsabtretungen hinnehmen müssen, durch die es ein Siebtel seines Gebietes und ein Zehntel seiner Bevölkerung einbüßte. Neben den gravierenden Nachteilen, die daraus für die deutsche Wirtschaft resultierten, bürdete der Vertrag dem Reich die Verpflichtung zur Zahlung immenser Reparationen auf, die das Land nachhaltig schwächten. Im Grunde herrschte in der Weimarer Republik von Anfang an ein parteiübergreifender Konsens darüber, dass der als demütigend empfundene Versailler Vertrag revidiert werden müsse; die Frage war nur, auf welche Weise, mit welchen Mitteln und mit welchem Ziel das »Diktat« aufgehoben werden sollte.

Bereits ab 1930 war die zuvor von Gustav Stresemann etablierte »republikanische Außenpolitik« durch eine Politik nationaler Alleingänge ersetzt worden. Die Ziele der von den Präsidialkabinetten betriebenen Außenpolitik erschöpften sich allerdings nicht in einer Revision von Versailles, sondern hoben vielmehr auf die Wiederherstellung und den Ausbau einer zentralen europäischen Machtstellung des Reiches ab. Zugunsten einer für das Ausland immer schwerer zu kalkulierenden, sich kühn und riskant ausnehmenden nationalistischen Politik wurde der Kurs verändert, der über die Methode eine eigenständige Zielqualität gewann. Mit dem Versuch, Frankreich zu isolieren, sollte diesem die europäische Vormachtstellung streitig gemacht werden, deren Stärke nur auf der mit dem Versailler Vertrag diktierten Schwäche Deutschlands beruhte. Reichskanzler Heinrich Brüning war deshalb bestrebt, die sich als Folge der Weltwirtschaftskrise zuspitzende Notlage in Deutschland zu nutzen, um mit einer Politik der moralischen Erpressung das Ende des Reparationssystems herbeizuführen, das dem Reich ungeheure Zahlungsverpflichtungen auferlegte. Seine Deflationspolitik und deren Instrumentalisierung ließen Großbritannien und die USA, die an einem finanziellen und wirtschaftlichen Zusammenbruch in Europas Mitte kein Interesse haben konnten, auf den deutschen Standpunkt einschwenken, den anzuerkennen sie Frankreich drängten. Am Ende stand der Beschluss über das faktische Ende der Reparationszahlungen auf der Konferenz von Lausanne im Juli 1932, bei der Papen als Kanzler und Neurath als Außenminister das Reich vertraten.

Um einen Durchbruch zu erzielen, hatte Papen – gegen den Rat seiner Fachbeamten und zur Überraschung des Auslandes – den Franzosen eine ebenso weit reichende wie chancenlose Generalbereinigung auf politischer, wirtschaftlicher und militärischer Ebene vorgeschlagen. Der bilaterale Ausgleich sollte in wirtschaftlicher Hinsicht durch eine deutsch-französische Zollunion und in militärischer Hinsicht durch eine enge Kooperation der Armeeführung erreicht werden, an die auch der französische Bündnispartner Polen durch eine Garantie der deutschen Ostgrenze herangeführt werden sollte. Im Ganzen kam Papens Linie einem neuerlichen Kurswechsel in der deutschen Außenpolitik gleich, die Brünings Revisionspolitik in das Gegenteil verkehrte und von der von allen Vorgängerregierungen betriebenen antipolnischen Politik abwich. Papens Kurs der deutsch-französischen Verständigung irritierte freilich das bislang umworbene England und verunsicherte die mit Deutschland vertraglich verbundene Sowjetunion. Papens Nachfolger Schleicher, der in den wenigen Wochen seiner Regierungszeit vor allem von den schier erdrückenden Aufgaben auf dem Feld der Innenpolitik beansprucht wurde, ließ dagegen eine Tendenz zur außenpolitischen Reorientierung hin zur Sowjetunion erkennen. Im Juni 1932 als General aus dem Militärdienst verabschiedet, um im Papen-Kabinett das Amt des Reichswehrministers zu übernehmen, wollte Schleicher nach dem Erfolg von Lausanne auf der in Genf tagenden Abrüstungskonferenz einen weiteren Durchbruch erzwingen.

Den Hintergrund bildete auch hier der Versailler Vertrag, in dem Deutschland neben Gebietsabtretungen und Reparationszahlungen auch einschneidende militärische Beschränkungen auferlegt worden waren. Die Wehrpflicht war aufgehoben, die Truppenstärke durfte 100 000 Mann beim Heer und 15 000 Mann bei der Marine nicht überschreiten. Diesen Bestimmungen, die der deutschen Armee jede Angriffsmöglichkeit nehmen sollten, entsprachen auch die materiellen Einschränkungen, etwa das Verbot von Panzern, U-Booten oder Flugzeugen. Zugleich allerdings hatten die Alliierten im Versailler Vertrag auch ihren Willen bekräftigt, dass die deutsche Abrüstung den Auftakt zu einer allgemeinen Demilitarisierung zum Zwecke dauerhafter Friedensbewahrung bilden sollte. Doch konkrete Abrüstungsschritte waren immer wieder aufgeschoben worden, vor allem auch deshalb, weil in Frankreich die Bereitschaft zu Rüstungskonzessionen in dem Maße abgenommen hatte, wie sich in der deutschen Innen- und Außenpolitik eine deutliche Radikalisierung abgezeichnet hatte: Im Innern stellte die NSDAP seit den Reichstagswahlen vom September 1930 die stärkste Reichstagsfraktion; nach außen war nach dem Tod des langjährigen deutschen Außenministers Gustav Stresemann im Oktober 1929 der beschriebene Kurswechsel eingeleitet worden, der auf eine forcierte und beunruhigende Revisionspolitik zusteuerte.

Der neue Reichskanzler Schleicher und sein Außenminister Neurath, die nicht die wirtschaftliche, sondern die militärische Variante deutscher Großmachtpolitik anstrebten, leiteten daher im August 1932 eine Pressionspolitik ein, die das Reich aus den Versailler Militärbestimmungen lösen sollte. Im Kern lief ihre

Erpressungsmethode auf ein Doppelkalkül hinaus: Entweder sollte die Konferenz die Zustimmung zur deutschen Wiederaufrüstung beschließen. Oder für Deutschland würde sich aus einem ergebnislosen Konferenzverlauf nahezu zwangsläufig die Legitimation zur eigenmächtigen Wiederaufrüstung ergeben. Unter dem Vorwand, dass die Voraussetzungen zur Mitarbeit nicht erfüllt seien, boykottierte die deutsche Delegation zeitweilig die Sitzungen. Um das drohende Scheitern der Konferenz abzuwenden und die Gefahren einer deutschen Aufrüstung und eines allgemeinen Wettrüstens zu bannen, schien es vor allem den Briten als nahezu alternativlos vernünftig, die französische Seite zur Aufgabe ihrer starren Positionen zu bewegen. Im Grunde lief diese Lösung auf die kompromisslose Anerkennung des deutschen Standpunkts hinaus, der schließlich in der am 11. Dezember 1932 beschlossenen Erklärung gebilligt wurde. Um den Preis der außenpolitischen Isolierung Deutschlands war damit ein weiteres Ziel erreicht, das Reparationsproblem war erledigt und die militärische Gleichberechtigung Deutschlands grundsätzlich anerkannt. Bis zum Ende des Jahres 1932 war das Reich aus entscheidenden Bindungen des Versailler Vertrages gelöst worden.

Die von den präsidialen Regimen scheinbar erfolgreich forcierte Revisionspolitik sollte auch im »Dritten Reich« fortgesetzt werden. Als eine nationalistische Pressionspolitik verband sie die republikanische Außenpolitik der Stresemann-Ära mit der nationalsozialistischen Gewaltpolitik Hitlers und stellte dennoch eine eigenständige Phase der geschichtlichen Entwicklung dar. Das von Brüning, Papen und Schleicher anvisierte Ziel, dessen gemeinsamer Orientierungspunkt die Zeit vor dem Ersten Weltkrieg war, bestand im sukzessiven Wiederaufstieg des Reiches zur nationalstaatlichen Großmacht, zur mitteleuropäischen Vormacht und schließlich zur europäischen Hegemonialmacht. Ziel und Methode dieses Kurses hatten mit demjenigen Hitlers vorläufig noch so viel gemein, dass er sich als tragfähige Brücke in das »Dritte Reich« erwies, dessen konstitutive Kernelemente sich vom Vorhergehenden freilich fundamental abhoben: Zu keiner Zeit nämlich war ein großer Krieg das angestrebte Mittel nationalistischer Außenpolitik gewesen, und auch der Rassegedanke war der Außenpolitik der präsidialen Kabinette fremd. Dass die Repräsentanten des alten Kurses den neuen Kanzler stützten, lag vielmehr in der Logik seiner Berufung: Auch auf dem Gebiet der Außenpolitik sollte die Regierungsbeteiligung der NSDAP die dringend benötigte Massenbasis garantieren, die zur krisensicheren Weiterverfolgung der forcierten Pressionspolitik notwendig war. Die Art und Weise, wie Hitler die Vertreter des traditionellen Revisionismus für seine Pläne vereinnahmen konnte, die sich doch so fundamental von ihren Ideen abhoben, kennzeichnet die mannigfachen Berührungspunkte zwischen dem nationalistischen Alten einerseits und dem nationalsozialistischen Neuen andererseits.

Die Isolation des Reiches im Zeichen der »nationalen Revolution«

Als Hitler sein Amt als Reichskanzler antrat, war das Reich infolge der Politik seiner Vorgänger längst auf dem Weg in die außenpolitische Isolierung. Beschleunigt wurde diese Entwicklung durch die innenpolitischen Ereignisse. Unmittelbar nach der Machtübertragung setzte ein von Terror und Propaganda gekennzeichneter, systematisch vorangetriebener und zugleich von Improvisationen begleiteter Prozess ein, der auf eine totalitäre »Gleichschaltung« des staatlichen und gesellschaftlichen Lebens abzielte. Unter der Parole von der »nationalen Revolution« wurden der Rechts- und Verfassungsstaat demontiert, Pluralismus und Parlamentarismus beseitigt sowie Schlüsselstellungen in Staat und Gesellschaft besetzt und kontrolliert. Die entfesselte Gewalt und nicht zuletzt die nationalistische Aufbruchstimmung, die in Massenkundgebungen und paramilitärischen Aufmärschen bedrohlich Gestalt annahm, wirkte im Ausland alarmierend. Bereits ein Jahr zuvor hatte der deutsche Botschafter in Paris eine »Krieg-in-Sicht-Stimmung in Frankreich«[8] vermeldet, die auf die aggressive Revisionspolitik der Weimarer Präsidialkabinette zurückging. Nunmehr, im März 1933, hielt er sich »für verpflichtet, auf den in den letzten Wochen überall deutlich bemerkbaren Umschwung zu unseren Ungunsten« hinzuweisen. Neben der »Beschränkung der bürgerlichen Freiheit«, die gerade »von Franzosen als elementarstes Recht [des] Staatsbürgers angesehen wird«, sei die »starke Beunruhigung« und »fühlbare Nervosität« in Paris auf die erwartete »aktivere Außenpolitik« der neuen deutschen Regierung zurückzuführen. Somit gewänne der »Gedanke einer gewaltsamen rechtzeitigen Verhinderung der vermeintlich drohenden Gefahr« zunehmend an Bedeutung.[9]

Die hier verklausuliert ausgedrückte Gefahr eines Präventivkriegs war in der Einschätzung der deutschen Diplomaten durchaus real. Tatsächlich ließ Anfang März 1933 der polnische Machthaber, Marschall Józef Piłsudski, die Garnison auf der Westerplatte am Eingang des Danziger Hafens verstärken. Dieses Bedrohungsszenario wurde durch einen Aufmarsch von polnischen Militäreinheiten im sogenannten »Korridor«, der Ostpreußen vom deutschen Kernland abtrennte, komplettiert; gleichzeitig sondierte Polen vertraulich und inoffiziell in Paris, inwieweit Frankreich zu einer gegen Deutschland gerichteten Polizeiaktion bereit war. Vor allem Danzig hätte sich als Ziel eines polnischen Militärschlags und als Objekt einer territorialen Faustpfandpolitik angeboten. Zu einem solchen Vorgehen sah allerdings die französische Politik kaum Veranlassung und noch weniger Legitimation, zumal ihnen ihre Erfahrungen bei der Ruhrbesetzung des Jahres 1923 ein warnendes Beispiel waren. Der Reichswehrführung allerdings schien die Gefahr einer französisch-polnischen Intervention immerhin so real, dass sie militärische Abwehrmöglichkeiten erörterte.

Zur gleichen Zeit, als die Beziehungen zum polnischen Nachbarn eine immer bedrohlich-konfrontativere Qualität annahmen, verschlechterte sich auch das Verhältnis zur Sowjetunion.

Hatte schon das brutale Vorgehen gegen deutsche Kommunisten in Moskau Beunruhigung ausgelöst, so brachten die von SA-Einheiten verübten Übergriffe auf Sowjetbürger, die Hausdurchsuchungen bei sowjetischen Handelsinstitutionen oder Aktionen wie die Boykott- und Requirierungsmaßnahmen gegenüber der Benzingesellschaft Derop »den Becher zum Ueberlaufen«[10], wie der alarmierte deutsche Botschafter aus Moskau meldete.

Bereits Ende November 1932 hatten Moskau und Paris einen Nichtangriffspakt geschlossen, mit dem der sowjetische Diktator Josef Stalin sein Land nach Westen absichern wollte, das er seit Japans Überfall auf die Mandschurei vom Herbst 1931 im Osten stark bedroht sah. Damit endete die ehedem exklusiv auf Deutschland konzentrierte sowjetische Westpolitik, die 1922 im Vertrag von Rapallo begründet worden war. Damals hatten Berlin und Moskau die Grundlage für eine Zusammenarbeit geschaffen, aufbauend auf einer gemeinsamen macht- und revisionspolitischen Interessenlage: Für die deutsche Seite war die polenfeindliche Stoßrichtung der Beziehungen entscheidend ins Gewicht gefallen, vor allem aber auch die Perspektive einer militärischen Zusammenarbeit, die der Reichswehr die Bestimmungen des Versailler Vertrages zu umgehen eröffnet hatte. Papens antisowjetische Ostpolitik aber hatte Stalin die Veranlassung zu einer Neuausrichtung seiner Westpolitik gegeben, die fortan um einen Ausgleich mit Frankreich bemüht war.

Nach Westen wie nach Osten war das »Dritte Reich« also gefahrvoll isoliert. Und auch in Großbritannien hatte Deutschland, wie der dortige deutsche Botschafter im April vermeldete, »in den letzten Wochen außerordentlich viel Terrain«[11] verloren. Nur aus Italien kamen Signale der Zustimmung. Wie der deutsche Botschafter aus Rom berichtete, bewerte Mussolini das »zur Machtkommen eines in Italien als Schwester- oder gar Tochterbewegung betrachteten politischen Regimes« als günstig, da es »die Weltposition des Faschismus stützen und die Möglichkeit einer engen Zusammenarbeit schaffen konnte«.[12] In der Tat hatten Faschismus und Nationalsozialismus viele Gemeinsamkeiten: Entstanden unter den Wirkungen des Ersten Weltkriegs und der Nachkriegszeit, waren beide radikal militaristisch, nationalistisch, antikommunistisch und antiliberal. Die Gewalt als Mittel der Politik nach innen und außen, die zentrale Rolle des charismatischen Führers, die expansionistische Zielsetzung: all das charakterisierte beide Massenbewegungen.

Doch der deutsche Nationalsozialismus war in jeder Beziehung radikaler und totalitärer als der italienische Faschismus: Während Hitler eine uneingeschränkte Alleinherrschaft etablierte, blieb Mussolinis Macht sehr viel stärker durch die Partei begrenzt und an die konservativ-monarchischen und militärischen Bündnispartner gebunden. Auch Mussolini verfolgte nach außen eine weitgespannte Expansionspolitik, und doch hob sich seine Absicht, ein italienisches Mittelmeerreich zu errichten, fundamental von Hitlers »Griff nach der Weltherrschaft« ab.

Wie sehr sich die faschistische von der nationalsozialistischen Bewegung unterschied, zeigte sich aber vor allem im Vernichtungsantisemitismus Hitlers, den Mussolini nicht kannte. Für Hitler indessen bildete das Rassendogma das Kernstück seiner unheilvollen »historischen Vision«. Bereits zwei Monate nach seinem Machtantritt offenbarte sich das Spezifische des neuen Regimes, als am 1. April 1933 ein organisierter und gelenkter Boykott gegen jüdische Geschäfte, Arzt- und Anwaltspraxen durchgeführt wurde. Diese Aktion, die den Übergang zur staatlich legitimierten Ausgrenzung und Unterdrückung der Juden in Deutschland markierte, führte wiederum zu scharfen Protesten des Auslands und drängte das Reich stärker noch als bisher in die Isolation. Aus Paris etwa meldete der deutsche Botschafter, mit der »Aktion gegen [die] Juden« seien »große Mengen deutschen Porzellans inzwischen zerschlagen« worden, so dass »lange und schwierige Aufklärungsarbeiten im Ausland nötig« werden würden, um die »Beunruhigung zu beseitigen«.[13]

4 Zwischen nationalistischer und nationalsozialistischer Außenpolitik

Am 14. Oktober 1933 erklärte Reichsaußenminister Constantin von Neurath vor der internationalen Presse Deutschlands Austritt aus dem Völkerbund.

Hitlers »Friedenspolitik«

So deutlich sich insgesamt abzeichnete, dass die Umgestaltung des Staates im autoritären Sinne durchaus die Zustimmung der Spitzendiplomaten fand, so offensichtlich trat zugleich hervor, dass die grundstürzende Dimension des Nationalsozialismus, die sich mit der antisowjetischen und antijüdischen Ausrichtung der Politik im Rückblick unverkennbar ankündigte, doch weithin verkannt wurde. Für die Repräsentanten der überlieferten Außenpolitik galt es zunächst, die »nationale Revolution« nach außen abzuschirmen. Durch die Gewalt im Innern jedoch war die durch den forcierten Revisionskurs ohnehin zugespitzte außenpolitische Situation des Reiches nochmals verschärft worden. Um trotz dieser schwierigen Ausgangslage den Führungsanspruch des Auswärtigen Amts auch im »Dritten Reich« abzusichern, legte Staatssekretär Bülow eine

Denkschrift vor, mit der er die zukünftige Außenpolitik auf den traditionellen Kurs verpflichten wollte. Darin bezeichnete er die Revision des Versailler Vertrages als »die vitalste Aufgabe Deutschlands« und mahnte angesichts der gestiegenen Präventivkriegsgefahr zur Wiederherstellung einvernehmlicher Beziehungen zu Frankreich, Großbritannien und der Sowjetunion. Mit Italien solle, »wo gemeinsame Interessen gegeben sind«, die »engste Zusammenarbeit« gesucht werden, allerdings müsse ein Bündnis unbedingt vermieden werden, da Mussolini einem Anschluss Österreichs völlig ablehnend gegenüberstehe. Diesen aktiv zu fördern, sei einstweilen unmöglich, »weil dies uns die Gegnerschaft Italiens zuziehen würde«. Auch »die Frage der territorialen Grenzrevision« durch eine »Teilung Polens« dürfe nicht angeschnitten werden, »solange Deutschland nicht militärisch, finanziell und wirtschaftlich genügend gefestigt ist und insbesondere die Abrüstungsfrage ihre Erledigung gefunden hat«. Bis dahin müsse die prosowjetische Ostpolitik fortgesetzt werden, da das Reich der »russischen Rückendeckung gegen Polen nicht entbehren« könne. Eine Verständigung mit Polen sei jedenfalls »weder möglich noch erwünscht«. Um »Interventionen, Präventivaktionen und außenpolitische Erschütterungen zu vermeiden«, gelte es, »außenpolitische Konflikte möglichst lange zu vermeiden, bis wir weiter erstarkt sind«. Deutschland müsse, so Bülow, auch Mitglied im Völkerbund bleiben, da unbedingt eine »Periode relativer außenpolitischer Ruhe« notwendig sei, um »die Front aufzulösen, in der die Reaktion auf das neue Regime in Deutschland und die Sorge um die Zukunft die meisten europäischen Staaten jetzt zusammengeschlossen« hätten.

Im Ganzen las sich Bülows Denkschrift wie der Entwurf für eine Großmachtpolitik im wilhelminischen Stil. Sie zielte allerdings nicht nur auf die Korrektur des durch die Kriegsniederlage geschaffenen Zustandes ab. Mit dem Willen, dem Reich »frühere, wie eventuell neue«[1], Kolonien anzugliedern, und mit der Absicht zum Anschluss Österreichs ging sie vielmehr über die bloße Wiederherstellung der Ausgangslage von 1914 weit hinaus. Bülows Konzept deckte sich in der Forderung nach einer Revision des Versailler Vertrages und nach der Wiedererlangung einer Großmachtsposition mit dem »Programm« Hitlers, für den diese Ziele jedoch nie Selbstzweck, sondern nur Vorstufe seiner rassenideologischen Weltherrschaftspläne waren. Für die Anfangsphase des »Dritten Reiches« war diese teilweise Übereinstimmung der alten und neuen außenpolitischen Leitvorstellungen von großem Belang. Anfangs noch im Sinne der alten Eliten fortgesetzt, auf deren Mitwirkung Hitler angewiesen war und deren traditionelle Revisionspolitik ihm gelegen kam, änderte sich der Kurs der Außenpolitik alsbald in eine Richtung, die immer stärker auf den Einfluss des Diktators zurückging.

Am 5. Mai 1933 ratifizierte die Reichsregierung das Verlängerungsprotokoll zum Berliner Vertrag mit der Sowjetunion, der im April 1926 zur Festigung der in Rapallo begründeten Beziehungen geschlossen worden war und dessen Verlängerung nun als Zeichen zur Fortsetzung der traditionellen Ostpolitik gewertet wurde. Doch dieses Signal Hitlers verfing mehr nach innen, gegenüber dem prosowjetisch orientierten Auswärtigen Amt, als es in Moskau Beruhigung auszulösen vermochte. Aufgrund der andauernden Übergriffe auf sowjetische Bürger und Institutionen verschlechterte sich das deutsch-sowjetische Verhältnis stetig, zumal sich auch die jüdischen Mitglieder der Moskauer Regierung durch die fortgesetzte antijüdische Propaganda der Nationalsozialisten ganz persönlich getroffen fühlten. Die Beziehungen zu Deutschland entwickelten sich »from bad to worse«, so die Einschätzung der deutschen Botschaft in Moskau. »Kein Tag vergehe ohne Zwischenfälle, ihre Anhäufung zeige [eine] klare sowjetfeindliche Politik der Deutschen Regierung, über die freundliche Worte nicht mehr hinwegtäuschen könnten.«[2]

Die Isolation des Deutschen Reiches wurde durch das am 20. Juli 1933 mit dem Vatikan geschlossene Konkordat aufgebrochen, das die wechselseitigen Rechte und Pflichten von Staat und Kirche auf dem Reichsgebiet regelte. Das Konkordat garantierte die Bekenntnisfreiheit und die öffentliche Ausübung der katholischen Religion sowie den Schutz der Bekenntnisschulen und des katholischen Religionsunterrichts als ordentliches Lehrfach. Im Gegenzug gab die Kurie die politischen, sozialen und berufsständischen Organisationen des deutschen Katholizismus auf, ein Verzicht, dessen deutlichste Folge die Selbstauflösung der Bayerischen Volkspartei und des Zentrums Anfang Juli 1933 war. Vergeblich hatten bereits die Weimarer Kabinette einen solchen Verhandlungserfolg angestrebt, den die katholische Kirche nunmehr Hitler zuteil werden ließ, um ihren Entfaltungsspielraum im antireligiösen Nationalsozialismus zu erhalten. Für Hitler jedenfalls bedeutete der Vertragsabschluss einen ähnlichen Prestigegewinn, wie ihn Mussolini mit seinen im Jahre 1929 unterzeichneten Lateranverträgen errungen hatte. Das mit dem Vatikan geschlossene Konkordat führte zu einer diplomatischen Aufwertung des »Dritten Reiches« und besserte seine internationale Stellung schlagartig.

Ebenfalls im Juli 1933 schloss Deutschland mit Italien, Frankreich und Großbritannien den auf Mussolinis Initiative zurückgehenden »Viermächtepakt« – einen Konsultativ- und Kooperationsvertrag, der bezeichnenderweise nie in Kraft trat, weil nur England und Frankreich ihn ratifizierten. Seine Bedeutung lag daher auch nicht in seinem Inhalt, sondern in der Tatsache, dass er überhaupt zustande gekommen war: Das »Dritte Reich« hatte sich der Welt wiederum als eine verhandlungsbereite und moderate Macht präsentiert, die sich – nach dem Wortlaut des Pakts – dazu verpflichtete, »alle Anstrengungen zu machen, um im Rahmen des Völkerbundes eine Politik wirksamer Zusammenarbeit zwischen allen Mächten zur Erhaltung des Friedens zur Anwendung zu bringen«[3].

Konkordat und Viermächtepakt demonstrierten die vermeintliche Friedens- und Verhandlungsbereitschaft des neuen Regimes, dessen größtes, ja einziges außenpolitisches Kapital nach Hitlers Verständnis im Bekenntnis zu einer friedfertigen Politik lag – ein Bekenntnis, das er deshalb in Reden und Interviews oft bemühte. In diesen Zusammenhang gehört, dass Hitler in seiner

Regierungserklärung vom 12. März 1933 auch die konstruktive Mitarbeit Deutschlands an der Weltwirtschaftskonferenz ankündigte, die für den 12. Juni nach London einberufen worden war und auf der Alfred Hugenberg, der in Personalunion für Wirtschaft und Landwirtschaft zuständige Minister, für einen diplomatischen Eklat sorgte. Hugenberg, der im Ausland als Inkarnation wilhelminischer Großmachtpolitik gesehen wurde, hatte einen Redeentwurf an die Presse gegeben, in dem er Deutschland zum Vorkämpfer gegen den »Untergang des Abendlandes« erklärte und die Forderung nach einem deutschen Kolonialreich in Afrika und einer deutschen Wirtschaftsexpansion bis in die Ukraine erhob. Nach diesem eigenmächtigen Schritt innerhalb der Führung des Reiches isoliert, musste er zurücktreten. Hitler schaltete damit nicht nur einen innenpolitischen Rivalen aus, sondern profilierte sich gegenüber dem Ausland einmal mehr als gemäßigter und führungsstarker Kanzler, der über den Radikalismus eines Hugenberg triumphierte.

Ganz von diesem Stilisierungswillen geprägt war auch die sogenannte »Friedensrede«, die Hitler am 17. Mai 1933 vor dem Reichstag hielt. Deutschland »möchte aus tiefstinnerstem Herzen« mit allen Völkern »in Frieden und Freundschaft« leben, erklärte er in pathetischem Ton, der im In- und Ausland Gehör fand. Selbst Sozialdemokraten erschien die Rede als »äußerst maßvoll«: »eine sanftere Friedensrede hätte auch Stresemann nicht halten können«.[4] Doch die als Demonstration innenpolitischer Einigkeit inszenierte Reichstagssitzung, die mit dem gemeinsamen Absingen des Deutschlandliedes beendet wurde, war vor allem ein an die Adresse des Auslands gerichtetes Signal. Der Anstoß zu der Regierungserklärung war von Außenminister Neurath gekommen, der im Kabinett vor der sich täglich verschlechternden Stimmung im Ausland gewarnt und dringend eine beruhigende Rede des Reichskanzlers gefordert hatte. Längst nämlich war – parallel zur »Friedenspolitik« – der nächste Revisionsschritt eingeleitet worden, der die Isolierung des Reiches gefährlich vertiefen sollte: die Aufrüstung.

Der Rückzug von der Abrüstungskonferenz und der Austritt aus dem Völkerbund

Am 3. Februar 1933, auf den Tag genau ein Jahr nach der Eröffnung der ersten Verhandlungsrunde, hatte die zweite Etappe der in Genf tagenden Abrüstungskonferenz begonnen. Mit der Fünfmächteerklärung vom Dezember 1932 war insofern eine taktisch günstige Ausgangslage gewonnen worden, als nunmehr die deutsche Gleichberechtigung nicht mehr nur das Ziel der Konferenz, sondern deren leitender Grundsatz sein sollte. Nur diesem Prinzip entsprechend wollte die deutsche Delegation in Genf verhandeln – und befand sich damit in entschiedenem Gegensatz zur französischen Seite, die nach der innerdeutschen Entwicklung erst recht nicht mehr zu Konzessionen bereit war, die das Kräfteverhältnis zugunsten Deutschlands verschieben würden.

In dieser Situation fiel Großbritannien eine vermittelnde Rolle zu, deren Ziel darin bestand, ein Scheitern der Konferenz abzuwenden und die damit verbundene Gefahr einer unkontrollierten deutschen Aufrüstung zu bannen. Diese Aufgabe sollte sich allerdings als unlösbar herausstellen. Neurath und Blomberg nämlich wollten sich mit einem Teilerfolg nicht zufrieden geben und waren nicht bereit, ein anderes Ergebnis als eine vertraglich garantierte oder stillschweigend tolerierte deutsche Aufrüstung zu akzeptieren. Entscheidendes Moment der deutschen Strategie sei allerdings, so wurde zwischen Außen- und Reichswehrminister abgesprochen, dass »unsere Aufrüstungsabsicht« nicht »zu früh klargestellt wird«.[5]

Die taktische Grundidee, die bereits im Dezember 1932 zum Erfolg geführt hatte, war die Isolierung Frankreichs. Den abermaligen Rückzug von der Konferenz einkalkulierend, zielte man darauf ab, die Franzosen »zu dem Bekenntnis [zu] zwingen, daß sie praktisch zur Verwirklichung der Gleichberechtigung nicht gewillt sind«; denn käme es »darüber zum Bruch« der Konferenz, würde »die Welt« schließlich »überwiegend auf unserer Seite stehen«.[6]

Ohne den neuen Kanzler einzubeziehen – ja insgeheim sogar verabredet, an Hitler »vorbei zu handeln«[7] –, steuerten die altgedienten Diplomaten und Militärs in Genf einen Sabotagekurs, an dessen Ende die Freigabe der deutschen Aufrüstung stehen sollte. Freilich: Auch für Hitler bestand die »erste Aufgabe der deutschen Außenpolitik« in der »Schaffung von Verhältnissen, die die Wiedererstehung eines deutschen Heeres ermöglichen«.[8] In dem Bewusstsein allerdings, dass er die Macht in einem militärisch noch schwachen Staat eroberte, wollte er außenpolitisch vorsichtig agieren, da nach seiner Ansicht die »gefährlichste Zeit« die »des Ausbaus der Wehrmacht« sei. Weil er andere nur nach dem Grundmuster seines eigenen Denkens beurteilte, glaubte er, dass Frankreich in der Aufrüstungsphase »über uns herfallen«[9] würde. Aus diesem Grund plädierte er, als er Mitte März über den Gang der Genfer Verhandlungen ins Bild gesetzt wurde, für einen auf dem Verhandlungsweg erzielten Vertragsabschluss, der dem gefahrvolleren Weg einer vertraglosen Aufrüstung vorzuziehen sei. Jedenfalls dürfe in Genf »keine Sabotage« betrieben werden; vielmehr sei eine »elastische Taktik« zu verfolgen, die auch die »Möglichkeit grundsätzlicher deutscher Zustimmung« einzubeziehen habe.[10]

Doch Hitlers konservativen Ministern fehlte es längst an der Bereitschaft, sich auf diplomatische Kompromisse und rüstungspolitische Konzessionen einzulassen. Selbst der Abkommensentwurf des britischen Premierministers Ramsay MacDonald konnte an dieser Haltung nichts ändern. MacDonald schlug einen Rüstungsstopp für die hochgerüsteten Mächte sowie die schrittweise Verkleinerung der Armeen auf je 200 000 Soldaten vor; auch der Reichswehr wurde – unter Aufhebung der Entwaffnungsbestimmungen des Versailler Vertrages – diese Sollstärke sowie eine materielle Aufrüstung im Rahmen der allgemein verbindlichen Konvention in Aussicht gestellt. Damit bot man Deutschland nicht weniger als die Verdopplung des Personalbestandes und das Ende der Versailler Auflagen an. Dennoch setzten die deutschen Unterhändler ihre erpresserische Zuspitzungsstrategie mit der Argumentation fort, dass eine allmähliche Abrüstung der hochgerüsteten Staaten keinen baldigen Rüstungsausgleich und somit nicht die in der Dezembererklärung verbriefte Gleichberechtigung zur Folge haben würde. Mit ihrer ablehnenden Haltung manövrierten sie allerdings das Reich nun vollständig in die Isolation, die in Berlin als eine gegen das Reich gerichtete Front aus England, Frankreich und Italien wahrgenommen wurde.

In dieser verschärften Situation sah Außenminister Neurath nunmehr die Notwendigkeit für eine taktische Kurskorrektur gekommen. Die Drohung mit der eigenmächtigen Aufrüstung wurde durch eine vorgebliche Verhandlungsbereitschaft ersetzt. Den Auftakt dazu bildete die Reichstagsrede Hitlers, die beruhigend auf das Ausland wirken und verhindern sollte, dass sich die Hauptmächte in Genf auf eine Konvention verständigten, die dem Reich Schaden könnte. Zugleich bot sich mit der Rede aber auch die Gelegenheit, das Bekenntnis zum Frieden mit jenem Motiv zu unterlegen, das übereinstimmendes Ziel zwischen Hitler, Neurath und Blomberg war. »In der Regierungserklärung müsse zum Ausdruck gebracht werden, daß Deutschlands weiteres Verbleiben im Völkerbund durch das Verhalten unserer Gegner im höchsten Grade zweifelhaft geworden sei«[11], sagte Hitler im Kabinett.

Hitlers Rede, auf die sich, wie der deutsche Botschafter aus London meldete, die »gesamte Aufmerksamkeit nicht nur in England, sondern in der ganzen Welt« konzentrierte und »die man als ausschlaggebend für [die] weitere Gestaltung [der] Weltlage« ansah, ja von der nach englischer Stimmungslage »das Schicksal der Abrüstungskonferenz« und »vielleicht sogar Krieg und Frieden abhängen« würden, wirkte im Ausland einstweilen tatsächlich beruhigend.[12] Die Londoner *Times* urteilte: »Gestern hat die Welt zum ersten Mal den Staatsmann Hitler gesehen. Das meiste, was er gesagt hat, hätten auch seine Vorgänger sagen können.«[13] Nur unzureichend wahrgenommen wurde Hitlers Hinweis, dass Deutschland sich aus dem Völkerbund zurückziehen müsse, wenn ihm die militärische Gleichberechtigung weiterhin versagt würde. Über den Rückzug von der Abrüstungskonferenz und den Austritt aus dem Völkerbund, der nach außen zunächst nur vorsichtig angedeutet wurde, bestand intern schon seit Mai 1933 vollständige Einigkeit. Für Hitler wie für die Spitzen von Diplomatie und Militär galt der Völkerbund in erster Linie als Instrument der Siegermächte zur »Verewigung der in Versailles gewonnenen Machposition« und zur »dauernden Niederhaltung der Besiegten«[14]; für den Diktator war er überdies der Inbegriff der bekämpften internationalistischen Verständigungsidee. Das Ziel, das Reich in einem geeigneten Moment aus dem Genfer Gremium zurückzuziehen, um – losgelöst von militärischen Restriktionen – die Reichswehr aufzurüsten, bildete die einstweilen tragfähige Brücke von der nationalistischen zur nationalsozialistischen Außenpolitik. Die Bedingungen, unter denen Hitler im Mai 1933 von seinen Ministern einbezogen worden war, um die drohenden Folgen ihrer Separatpolitik aufzufangen, bewirkten zugleich seinen Durchbruch in der Außenpolitik. Fortan wurde der außenpolitische Kurs, auch wenn er mit den Vertretern aus Diplomatie und Militär abgestimmt blieb, immer stärker von Hitler selbst beeinflusst.

Frankreich indes hatte die »Friedensrede« zwar mit Wohlwollen, aber ebenso mit Skepsis aufgenommen, da die taktische Absicht nicht zu übersehen war. Auch das plötzliche Einlenken der Deutschen, die am 19. Mai den MacDonald-Plan als Verhandlungsbasis für eine zu schließende Konvention annahmen, erschien ihnen eher verdächtig als glaubwürdig. So ging die französische Delegation in bilateralen Gesprächen daran, den Plan im Sinne ihrer eigenen Sicherheitsvorstellungen umzuwandeln, und schlug die Einrichtung eines Systems der Rüstungsüberwachung vor. Erst nach einer Übergangsperiode, in der sich die Kontrollmechanismen bewähren sollten, und sofern die Deutschen die Rüstungsbestimmungen einhielten, wollte Frankreich mit der eigenen Abrüstung beginnen. Obgleich absehbar war, dass ein solches System den Franzosen nur ein Mittel liefern sollte, jede Abweichung der Deutschen mit dem Hinauszögern der eigenen Demobilisierung beantworten zu können, ließ sich die deutsche Seite auf Verhandlungen ein. Den Hintergrund dafür bildete das Kalkül, sich durch eine verschleppende Verhandlungsführung Zeit für die eigene Aufrüstung zu verschaffen, die längst angelaufen war. Seit dem Frühjahr 1932 plante die Reichswehr auf der Grundlage eines Rüstungsprogramms, das auf die Aufstellung eines 21-Divisionen-Heeres bis zum Frühjahr 1938 abzielte und das – spätestens seit 1933 – die Errichtung einer 300 000 Mann starken Armee mit schwerer Artillerie und Panzerwagen vorsah.

Doch die sich seit eineinhalb Jahren hinziehenden Verhandlungen, die von deutscher Seite in diesem Sinne fortgesetzt werden sollten, gewannen Anfang Oktober 1933 an Fahrt: Tatkräftig forciert durch MacDonald, rückte die Abstimmung über einen Plan näher, der alle Kompromissvorschläge vereinte und nach dem das Reich weithin auf seinem Rüstungsstand verbleiben und einem Kontrollsystem mit Bewährungsfrist unterworfen werden sollte. Hitler und seine konservativen Berater einigten sich in kleiner Runde darauf, die Abstimmung über diesen Plan nach Möglichkeit zu verzögern oder ersatzweise den Rückzug von der Konferenz zu vollziehen. Ein Vorwand dazu bot sich wenige Tage später, als die Hauptmächte, um das deutsche Einlenken zu erreichen, damit drohten, die Bedingungen des Kompromissplans zuungunsten des Reiches zu verschärfen. Am 14. Oktober 1933 verkündete Deutschland daraufhin seinen Austritt aus dem Völkerbund und den Rückzug von der Abrüstungskonferenz. Verbunden mit dem pathetischen Bekenntnis zu seinem vorgeblichen Friedenswillen, rechtfertigte Hitler diesen Schritt als bloße Reaktion auf die dauerhafte Demütigung und Diskriminierung des Reiches.

Im Inland traf Hitlers Appell an das Ehrgefühl der Deutschen auf eine ohnehin weit verbreitete Ablehnung des Völkerbundes. Das von ihm angekündigte Plebiszit, das er mit einer Neuwahl des erst im März gewählten Reichstages verband, brachte am

12. November 1933 einen spektakulären Triumph, der Hitlers Macht enorm stärkte: Mehr als 90 Prozent der Deutschen votierten für die Einheitsliste der NSDAP und den Rückzug aus Genf. Wenngleich es sich um das manipulierte Wahlergebnis einer Diktatur handelte, so war doch der demonstrative Bruch mit dem System von Versailles so populär, dass Hitlers außenpolitischer Misserfolg, der das Reich nur noch weiter in die Konfrontation mit den anderen Mächten führte, sich innenpolitisch als voller Erfolg erwies. In dieser Selbstbestätigung durch Akklamation zeigte sich jenes Element, das unter Hitlers charismatischer Herrschaft die gesamte Anfangsphase der nationalsozialistischen Außenpolitik prägte. Auch das durch den Rückzug erzeugte Überraschungsmoment war Kennzeichen seiner Politik, die – vorzugsweise an Wochenenden, an denen Hitler die auswärtigen Regierungen handlungsunfähig wähnte – vollendete Tatsachen schuf und diese mit scheinbarem Entgegenkommen bemäntelte.

Das Ausland reagierte auf den Rückzug Deutschlands aus Genf lediglich mit Protesten. Diese moderate Reaktion war in Berlin erwartet worden, da eine ganze Reihe von Faktoren den Schritt begünstigt hatten: Hitlers fortgesetzte Friedens- und Versöhnungsrhetorik hatte beruhigend gewirkt, zumal er noch am Tag selbst sein Angebot zu einer vollständigen deutschen Abrüstung wiederholte, sofern sich alle Staaten anschließen würden. Wichtig war ebenso, dass Frankreich, die Hauptgewährsmacht der Versailler Ordnung, in einer Regierungskrise versunken und in seiner Handlungsfähigkeit gelähmt war. Hinzu kam, dass der Briand-Kellogg-Pakt, ein auch für Frankreich gültiger Kriegsächtungsvertrag aus dem Jahr 1928, die Unterzeichnerstaaten zur friedlichen Lösung von Streitigkeiten verpflichtete; ferner, dass für Frankreich noch die negativen Folgen der Ruhrbesetzung von 1923 präsent waren; und schließlich, dass es für eine Intervention an der Geschlossenheit der Genfer Hauptmächte fehlte. Vor diesem Hintergrund befürchtete man im Auswärtigen Amt lediglich, dass Frankreich »den Ring um uns immer enger schließen« würde, um »mit seinen Trabanten zum vernichtenden Schlage gegen die wiedererstarkende deutsche Wehrmacht auszuholen«.[15] Dieser Gefahr trat Hitler nunmehr mit einer überraschenden bilateralen Verständigung mit Polen entgegen.

Der deutsch-polnische Nichtangriffspakt

Am 26. Januar 1934 schlossen Deutschland und Polen einen auf zehn Jahre angelegten Nichtangriffspakt, in dem sich die beiden Nachbarstaaten verpflichteten, sich »in den ihre gegenseitigen Beziehungen betreffenden Fragen, welcher Art sie auch sein mögen, unmittelbar zu verständigen« und »unter keinen Umständen« zur Austragung von Streitfragen »zur Anwendung von Gewalt schreiten« zu wollen.[16] Dieser Pakt schien einen zentralen europäischen Krisenherd zu entspannen und wurde im Ausland, vor allem in Großbritannien, als bedeutender Beitrag zur Friedenssicherung und als staatsmännische Tat Hitlers gewertet.

Tatsächlich hatte sich der Diktator kraft seiner Machtstellung über die antipolnischen Affekte seiner konservativen Diplomaten hinweggesetzt und die bislang verfolgte Ostpolitik tatkräftig umgekehrt: Statt eine antipolnische und prosowjetische Ostpolitik zu betreiben, ging er daran, das genaue Gegenteil zu verfolgen. Das versprach gleich mehrere Vorteile: Eine solche Politik bannte erstens die Gefahr eines Präventivschlags Polens und durchbrach die französisch-polnische Zweifrontenbedrohung. Zweitens wirkte sie der deutschen Isolierung entgegen und schaffte Ersatz für den Rapallo-Partner. Und schließlich bildete Hitlers Schritt einen – trügerischen – Beleg seiner vermeintlichen staatsmännischen Vernunft und seines angeblichen Verständigungswillens. Die Tatsache, dass Hitler die im Innern so außerordentlich unpopuläre Verständigung mit Polen durchsetzen konnte, verweist auf seine inzwischen erreichte Machtposition. Entgegen dem Bülow-Memorandum hatte er relativ autonom die Kontakte zur polnischen Seite intensiviert und damit den Schwenk der deutschen Ostpolitik eingeleitet. In Warschau waren vom Frühjahr 1933 an die Hinweise auf eine mögliche Verhandlungsbereitschaft des neuen Kanzlers aufmerksam registriert worden, und als Hitler im Mai dem polnischen Gesandten einen Ausgleich in allen Streitfragen anbot, nahm die polnische Regierung die Offerte günstig auf, weil ihr eine Verständigung mit dem deutschen Nachbarn durchaus Vorteile zu bringen schien. Polens Vertrauen in die Zuverlässigkeit seines französischen Bündnispartners war inzwischen unterhöhlt, weil Paris im Viermächtepakt und schon im Locarno-Pakt in ein Vertragssystem eingewilligt hatte, das die deutsch-französische Grenze qualitativ anders absicherte als die deutsch-polnische Grenze. Zumal Paris nicht für ein Vorgehen *gegen* Deutschland zu gewinnen gewesen war, vollzog Warschau die Wende hin zu einer Verständigung *mit* dem Reich.

Für Hitler freilich war die Annäherung an Polen nicht mehr als eine von taktischen Erwägungen diktierte Übergangslösung. Durch seine Flexibilität hatte er dem Reich eine vorteilsreiche Position verschafft, ohne von seinem eigentlichen Ziel abzugehen: Dem »Übel« der Zukunft – so äußerte er sich kurze Zeit nach dem Pakt vor Generälen und höheren SA- und SS-Führern – könne »man nur dadurch abhelfen, daß man für den Bevölkerungsüberschuß Lebensraum schaffe. Diesen würden uns aber die Westmächte nicht gönnen. Daher könnten kurze entscheidende Schläge nach Westen und dann auch nach Osten notwendig werden.« Deshalb müsse die im Aufbau begriffene Armee »nach fünf Jahren für jede Verteidigung, nach acht Jahren auch für den Angriff geeignet sein«.[17] Auch wenn sie nicht in jeder Phase deutlich hervortrat – Hitler verlor seine »historische Vision« der Eroberung von Lebensraum im Osten nie aus den Augen. Nach dem ersten Jahr seiner Herrschaft war das Reich aus den Bindungen an Völkerbundsatzung und Abrüstungskonventionen befreit, und die – dadurch zum Teil erst verursachte – Isolation war durch den Polenpakt merklich aufgebrochen worden. Auch für die autokratische Führung in Warschau schien der Paktabschluss eher ein zweckmäßiges taktisches Manöver zu sein, das eine antisowjetische Stoßrichtung besaß. Tatsächlich war mit dem Schritt der polnischen Regierung nicht nur die Allianz mit Frankreich entwertet worden, sondern jedes Umklammerungsbündnis gegen das Reich, an dessen Ostflanke fortan nur noch die Tschechoslowakei stand. Entwertet wurde durch das bilaterale Abkommen zudem das ohnehin beschädigte Prinzip der multilateralen Verständigung: Als 1931 die Mandschurei von Japan angegriffen worden war, hatte sich der Völkerbund nur auf einen formalen Protest verständigen können, den Tokio mit dem Austritt beantwortet hatte. Und auch auf Deutschlands Rückzugschritt vom Oktober 1933 hatte das Genfer Gremium mit Hilflosigkeit reagiert, wodurch das Vertrauen in das Prinzip der kollektiven Sicherheit weiter sank. Es zeichnete sich somit ab, dass eine gewaltsame Veränderung des Status quo nicht durch das kollektive Friedenssystem, sondern nur mithilfe einer entschiedenen Haltung der großen Mächte verhindert werden konnte. Die Außenpolitik des »Dritten Reiches« schien nun tatsächlich die Garantiemächte der europäischen Ordnung in eine solche Konstellation zu führen.

Das Krisenjahr 1934

Unmittelbar nach Hitlers Machtübernahme in Deutschland hatten auch die österreichischen Nationalsozialisten – getragen von der Woge der nationalen Aufbruchstimmung im Reich – den Kampf um die politische Macht bis hin zur dramatischen Eskalation der Gewalt gesteigert. Politische Morde, Bombenanschläge und Attentate erschütterten das Alpenland, das Bundeskanzler Engelbert Dollfuß im März 1933 per Staatsstreich in einen autoritär regierten Staat überführt hatte. Das im Juni erlassene Verbot der nationalsozialistischen Partei Österreichs, die sich auch dort NSDAP nannte, vertiefte die innenpolitische Krise weiter: Anhänger und Mitglieder flohen nach Bayern und organisierten von grenznahen Lagern aus, wo sie als »Österreichische Legion« zusammengefasst wurden, weitere Propaganda- und Terrormaßnahmen in ihrem Heimatland. Von Deutschland wurden sie auf staatlicher Ebene unterstützt: Hitler verhängte mit der Einführung einer Visumsgebühr in Höhe von 1 000 Reichsmark de facto eine Reisesperre und mithin eine Art Wirtschaftsboykott gegen Österreich.

Der bedrängte Dollfuß allerdings wollte sich nicht erpressen lassen – und vor allem nicht in die geforderten Neuwahlen einwilligen, von der sich die österreichischen Nationalsozialisten den Auftakt zur inneren Gleichschaltung des Landes versprachen. Stattdessen suchte er die innerösterreichischen Verhältnisse gegen Druck und Terror zu stabilisieren, indem er seine Politik immer stärker am Vorbild des italienischen Faschismus ausrichtete. Bereits im April 1933 war er zu einem ersten Gespräch mit Mussolini zusammengekommen, in dem er die Annäherung an Rom vorantrieb, um von dort Rückendeckung für seine Abgrenzung von Deutschland zu erhalten. Auf diese Weise sank das im Innern krisenhaft erschütterte und von außen vom Reich bedrängte Österreich auf den Status eines italienischen Satellitenstaats herab, der Mussolini einen doppelten Vorteil verschaffte: Zum einen erschien ihm die Existenz eines zwischen Italien und Deutschland gelegenen Pufferstaats als unverzichtbare Garantie für die um das Südtiroler Gebiet nach Norden verschobene Nachkriegsgrenze. Zum anderen festigte ein abhängiges Österreich auch Mussolinis Ambitionen auf Südosteuropa, das längst als Peripherie der deutschen Wirtschaftshegemonie über Mitteleuropa galt. Ein deutliches Signal in diesem Sinne waren die im März 1934 von Italien, Österreich und Ungarn unterzeichneten »Römischen Protokolle«, mit denen eine vertiefte wirtschaftliche Zusammenarbeit der drei Staaten begründet und die Unabhängigkeit Ungarns und Österreichs unter italienischem Schutz gestärkt wurde.

Der Faktor Österreich belastete indes nachhaltig die von Hitler angestrebte deutsch-italienische Annäherung. Der auf dem Gebiet der Außenpolitik unerfahrene Kanzler unterschätzte die Brisanz der österreichischen Frage, die – von Deutschland aus geschürt – die prekäre außenpolitische Lage des Reiches zunehmend verschärfte. Erst auf Drängen seines Außenministers ordnete er an, die Propaganda einzuschränken und die offene Unterstützung von Terror und Gewalt im Nachbarland auszusetzen. Wenngleich diese insgeheim fortgesetzt wurde und auch der Wirtschaftskampf unvermindert weiterging, vermochte diese taktische Zurückhaltung das Problem zunächst in der Schwebe zu halten.

Im Zeichen der angespannten Situation fand Hitlers Reise nach Venedig statt, bei der er im Juni 1934 zum ersten Mal auf Mussolini traf. Hitler war von seinen Diplomaten darauf vorbereitet worden, dass die Zusammenkunft zwar keine konkreten Ergebnisse bringen, wohl aber den beabsichtigten Hauptzweck erreichen würde, nämlich durch die persönlichen Eindrücke ein gewisses Vertrauensverhältnis herauszubilden. Doch nur einen Monat später wurde der Erfolg der Annäherungsbemühungen schlagartig wieder zunichte gemacht: Am 25. Juli 1934 putschten die österreichischen Nationalsozialisten in Wien; sie besetzten das Bundeskanzleramt und erschossen Dollfuß. Mussolini, dem Hitler in Venedig noch versichert hatte, dass die Anschlussfrage nicht akut sei, nahm seine Rolle als Schutzherr Österreichs wahr und ließ fünf interventionsbereite Divisionen am Brenner aufmarschieren. Es herrsche in Rom eine Atmosphäre »etwa wie 1914/15«, telegrafierte dazu Ulrich von Hassell, der deutsche Botschafter in Rom, nach Berlin. »Allgemein und vorbehaltlos« würde die Revolte der deutschen Regierung zur Last gelegt werden.[18]

Tatsächlich war man in Berlin nicht so überrascht vom Umsturzversuch in Wien, wie die deutsche Regierung sogleich versicherte. Hitler hatte zwar nicht den Befehl zum Losschlagen erteilt, war aber vom Landesinspekteur der verbotenen österreichischen NSDAP über die Stimmungslage der Partei informiert worden und hatte diesen in der Fortsetzung des Kampfes bestärkt. Nach der Niederschlagung des Putschversuches durch das regierungsloyale österreichische Bundesheer bestritt Berlin allerdings jegliche Verwicklung. Um die brenzlige Situation zu entschärfen, ordnete Hitler die Auflösung der Landesleitung der NSDAP Österreichs an – womit sich seine ausschlaggebende Rolle zeigte. Zudem verfügte er ein Verbot jedweder krisenverschärfenden Berichterstattung in Rundfunk und Presse und entsandte seinen Vizekanzler Papen als »außerordentlichen Gesandten und bevollmächtigten Minister in besonderer Mission« nach Wien. Hitler aber spekulierte mit seiner demonstrativen Geste, seinen Stellvertreter in das von Dollfuß in einen klerikal-autoritären Staat umgewandelte Österreich zu schicken, nicht nur auf die katholische Konfession Papens, sondern auch auf dessen mit dem Konkordat erworbene Reputation.

Zugleich war Papen aber auch einer der Hauptakteure jener schweren Doppelkrise gewesen, die in einer auf das Ausland schockierend wirkenden großen Mordaktion beendet worden war. Papen hatte am 17. Juni, einen Tag nach Hitlers Rückkehr aus Venedig, in der Universität Marburg eine Rede gehalten, von der sich die Konservativen eine Signalwirkung erhofften. Verfasst von seinem engsten Mitarbeiter, Edgar Julius Jung, der als Publizist zu den wichtigsten Vertretern der »Konservativen Revolution« zählte, wirkte diese Rede als ungewöhnlich scharfe Kritik, ja als Kampfansage der konservativen Kreise an die »Revolution in Permanenz« und das »Gerede von der zweiten Welle, welche die Revolution vollenden« werde.[19] Damit zielte die unter dem überwältigenden Beifall der Anwesenden vorgetragene Rede direkt gegen Ernst Röhm, den Stabschef der SA, und dessen Forderung nach einer Fortsetzung der in Kompromissen »verratenen« und in Träg- und Halbheiten erstarrten Revolution. In der Tat verschreckten Röhms rüde Rhetorik und seine Forderung nach einer »Zweiten Revolution« nicht nur die konservativen Bündnispartner Hitlers, sondern sie widersprachen auch der erklärten Absicht des Diktators, »den freigewordenen Strom der Revolution in das sichere Bett der Evolution«[20] hinüberzuleiten. Insbesondere Röhms militärpolitische Konzeption, nach der die revolutionäre SA und die konservative Reichswehr zu einer unter seinem Oberbefehl stehenden millionenstarken Volksmiliz verschmelzen sollten, war mit Hitlers Plänen schlichtweg unvereinbar. Bereits einen Monat nach Abschluss des deutsch-polnischen Nichtangriffspakts hatte der Diktator den Spitzen von Reichswehr, SA und SS seinen Entschluss eröffnet, »ein Volksheer, aufgebaut auf der Reichswehr, gründlich ausgebildet und mit modernsten Waffen ausgerüstet, aufzustellen«, und damit der Forderung Röhms, dass der »graue Fels der Reichswehr« in »der braunen Flut« der SA untergehen müsse, eine klare Absage erteilt.[21] Hitler nämlich strebte nach der Offensivkraft einer konventionellen Armee für seinen geplanten Eroberungskrieg, für den ein Milizheer, das eher zur Landesverteidigung im Innern taugte, ein unbrauchbares Instrument.

Insgesamt ergänzten sich die Gegenpläne des konservativen Lagers sowie die Machtansprüche Röhms zu jener Doppelkrise des »Dritten Reiches«, die Hitler auch deshalb zu einer Entscheidung antrieb, weil die Missstimmung in der Bevölkerung zunahm, die Reichswehrführung auf eine Beilegung der Auseinandersetzung drängte und die Frage der Nachfolge für den todkranken Reichspräsidenten anstand. Am 30. Juni 1934 und in den Folgetagen wurde der schwelende Konflikt, tatkräftig und intrigant durch Hermann Göring und Heinrich Himmler geschürt, auf Hitlers Anordnung hin und unter dem Vorwand eines geplantes SA-Putsches auf die radikalste Weise – durch Mord – beendet. Unter den über 80 namentlich bekannten Menschen, die den Erschießungen der SS zum Opfer fielen, waren neben politischen Gegnern auch Röhm und weitere höhere SA-Führer sowie Jung und andere Mitarbeiter Papens: Hitler hätte sich nicht gegen die »revolutionäre« SA oder die konservative »Reaktion« wenden können, ohne die jeweils andere Seite zu stärken, und schaltete daher in einem Doppelschlag beide als Machtfaktor aus.

Die Reichswehr, die für die Mordaktionen Waffen und Transportkapazitäten bereitgestellt hatte, war durch ihre Komplizenschaft in die Verbrechen Hitlers verstrickt und wurde auch durch die Tatsache, dass sie die Ermordung des ehemaligen Reichskanzlers und Generals Schleicher hinnahm, moralisch kompromittiert. Zuvor bereits hatte sie in einem Akt demonstrativer und opportunistischer Loyalitätsbekundung ein neues Hoheitszeichen eingeführt, das einen stilisierten Adler zeigte, der in den Fängen ein auf der Spitze stehendes Hakenkreuz hielt. Die Übernahme des nationalsozialistischen Parteizeichens war vom Chef der Heeresleitung, Werner Freiherr von Fritsch, veranlasst worden, um »dem Kanzler damit die nötige Stoßkraft der SA gegenüber«[22] zu geben. Wenngleich es zwischen Reichswehr und SA keinen ernsthaften »Loyalitätswettlauf«[23] um Hitlers Gunst gab, so lag doch die maßgebliche Bedeutung der zurückliegenden Phase in der Politisierung, ja Gleichschaltung der Reichswehr. Als Hindenburg am 2. August 1934 verstarb, übernahm Hitler das Amt des Reichspräsidenten, ohne auf Widerstand zu stoßen, und führte in dieser Funktion von nun an den Oberbefehl über die Reichswehr. Verfassungswidrig sowie ohne Not und gesetzliche Grundlage ließ Blomberg die zuvor auf die Verfassung vereidigten Soldaten einen neuen Eid ablegen, der sie zu »unbedingtem Gehorsam« auf Hitler persönlich verpflichtete.

Vom prominenten Staatsrechtler Carl Schmitt in einer überpositiven Rechtslehre scheinlegitimiert, begründeten die Mordaktionen vom 30. Juni 1934 die unumschränkte Führerdiktatur Hitlers: Die Pläne und Ambitionen der SA-Entourage und der Konservativen waren vereitelt, Konkurrenten, Gegner und Oppositionelle ermordet oder dauerhaft abgeschreckt worden. Die Reichswehr begrüßte die Ausschaltung des Rivalen SA, erzielte damit aber nur einen Pyrrhussieg, weil sie jetzt zwar den Kern der aufzubauenden Wehrmacht bildete, aber mit dem Aufstieg der SS ihr »Waffenmonopol« endgültig verlor. Mitte Juli 1934 löste Hitler die SS, die ihm in der Röhm-Krise so loyal gedient hatte, aus der Unterordnung gegenüber der SA und erhob sie in den Rang einer selbständigen, ihm unmittelbar unterstellten und auf ihn eingeschworenen Organisation. Der sogenannte »Röhm-Putsch« hatte die Gleichschaltung der Reichswehr erheblich

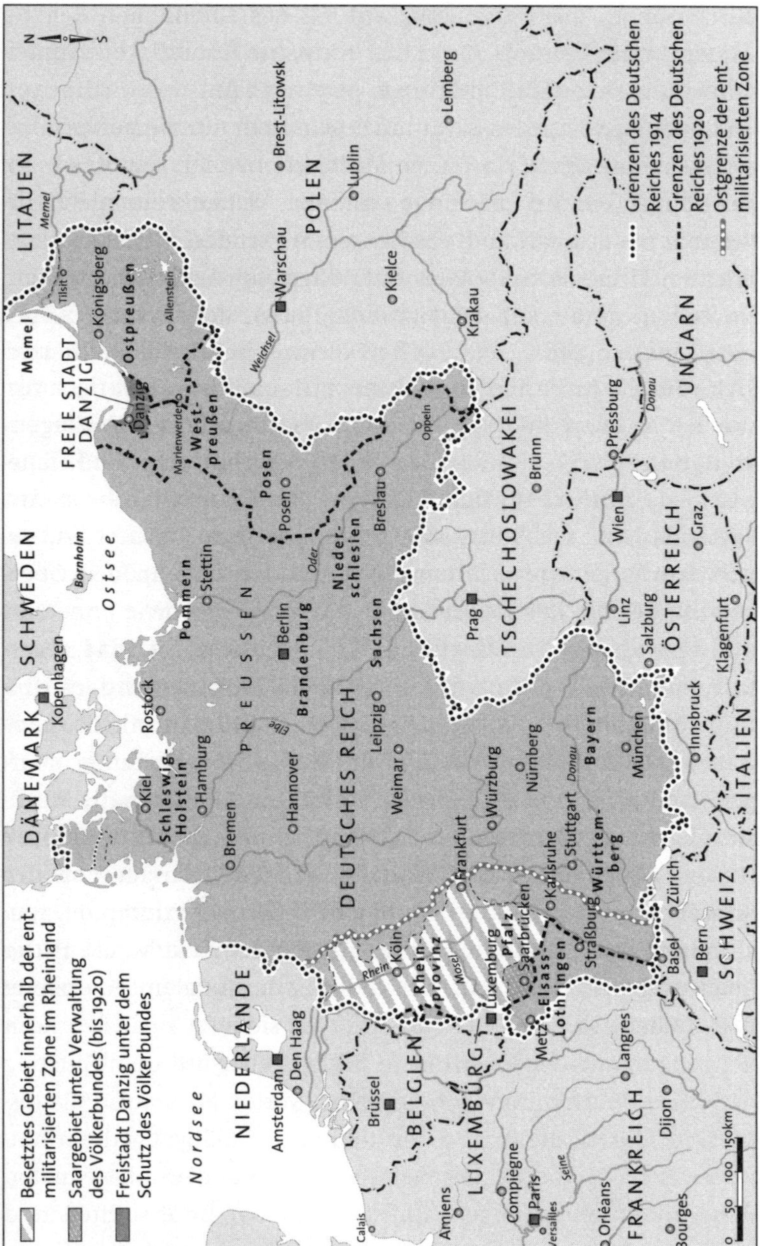

Das Deutsche Reich in den Grenzen von 1920.

beschleunigt; die Vereidigung auf Hitler schließlich besiegelte dessen Machtstellung, die mit der Usurpation des Reichspräsidentenamtes institutionell abgeschlossen war.

So gestärkt Hitler aus der innenpolitischen Krise hervorging, so isolierend wirkten sich die Mordaktionen für das Reich außenpolitisch aus, da sie – wie auch der blutige Wiener Putschversuch – dem Ausland einen erschreckenden Eindruck vom mörderischen Charakter des Nationalsozialismus vermittelten. In Italien, dem »einzige[n] große[n] Land, das uns gegenüber eine einigermaßen freundliche Haltung« gezeigt habe, hätten sich »der 25. Juli und der 30. Juni« nun »voll oder richtiger verdoppelt ausgewirkt«, warnte etwa Hassell aus Rom. Die Vorgänge hätten »eine breite Kluft zwischen der deutschen und italienischen Politik aufspringen lassen«.[24] Da Deutschland von den europäischen Nachbarstaaten misstrauisch beobachtet wurde, galt dem sorgenvollen Bülow die allgemeine außenpolitische Situation des Reiches als ungemein »trostlos«: »Es steht jetzt alles auf dem Spiel«, »alle Mächte, auf die es ankommt, sind gegen uns. Frankreich, das nach wie vor mit seiner Drohung im Hintergrund steht, braucht keinen Finger zu rühren, um eine für es günstige Situation zu schaffen.« Im Ganzen sei das Reich »stark gefährdet«.[25] Das war die Basis, von der aus – in einem Wechselspiel von begünstigenden Zeittendenzen, kalkulierter Politik und geschichtsmächtiger Kraft des Zufalls – der außenpolitische Handlungsspielraum durch eine Reihe von Triumphen und Durchbrüchen erweitert wurde. Einer jener Zufälle, die Hitler begünstigend zuspielten, war die Abstimmung im Saargebiet im Januar 1935.

5 Die Erweiterung des Handlungsspielraums

Mit dem Erfolg bei der Abstimmung über die Rückkehr des Saarlands zum Reichsgebiet 1935 erhielt Hitler eine triumphale Bestätigung seiner Außenpolitik.

Die Saarabstimmung

Im Versailler Vertrag war festgelegt worden, die Bevölkerung des vom Reich abgetrennten und unter Völkerbundverwaltung gestellten Saargebiets nach Ablauf einer 15-jährigen Frist über die Zukunft ihrer Region entscheiden zu lassen. Vorhersehen ließ sich, dass von der Abstimmung, die am 13. Januar 1935 unter internationaler Kontrolle stattfinden sollte, eine Signalwirkung ausgehen würde: Votierten die Saardeutschen für eine Wiedervereinigung, so würde Hitler diesen Triumph als eindrucksvolle Bestätigung seiner Politik interpretieren können. Mehr noch: Da sich das Bekenntnis zur nationalen Zugehörigkeit von einer indirekten Bestätigung des Nationalsozialismus nicht trennen ließ, gewann das Abstimmungsergebnis zugleich die Qualität eines Plebiszits über das vom Ausland so scharf kritisierte Regime. Ab Herbst 1934 wurden die rund 800 000 abstimmungsberechtigten Deutschen an der Saar, die ursprünglich eher gegen den Nationalsozialismus eingestellt waren, von Deutschland aus mit Propaganda unter der Parole »Heim ins Reich« überzogen. Von einer Woge der nationalen Begeisterung getragen, übertraf das Ergebnis sogar noch die Erwartungen Hitlers: Mit einer Mehrheit von fast 91 Prozent entschied sich die Bevölkerung des Saargebiets für die Rückkehr ins Reich; nur eine Minderheit von knapp neun Prozent votierte für den Status quo und weniger als 0,5 Prozent für den Anschluss an Frankreich.

Noch am Tag der Bekanntgabe des Wahlergebnisses dankte Hitler in einer Rundfunkansprache den Deutschen an der Saar in pathetischen Worten für ihre »durch nichts zu erschütternde Treue« und die »Opfergeduld und Beharrlichkeit«. Wohlberechnete Gründe gab es allerdings auch für seine Versicherung, dass er »keine territorialen Forderungen an Frankreich mehr stellen« werde.[1] In der Tat waren alle zur Verfügung stehenden Mittel eingesetzt worden, um Provokationen zu unterbinden, die dem Nachbarland einen Vorwand zur Intervention geben konnten. Hitler befürchtete, dass Frankreich ihm das Saarland als Faustpfand entwinden könne, und als die französische Armee in der Erwartung von Unruhen ihre grenznahen Truppen in Alarmbereitschaft versetzte, wurde der Diktator von einer schier hysterischen Furcht vor einem Einmarsch ergriffen. Das Auswärtige Amt drängte darauf, Frankreich schnellstmöglich zu versichern, dass Deutschland das Saargebiet als demilitarisierte Zone behandeln und weder die Zahl der Flugplätze noch die Stärke der Polizei erhöhen werde. Das Signal, kein Militär direkt an der Grenze zu Frankreich stationieren zu wollen, gab Hitlers nächstem Coup Rückendeckung, der hochgradig riskant war.

Die Wiedereinführung der Wehrpflicht

Nach dem Rückzug der Deutschen von der Abrüstungskonferenz im Oktober 1933 waren die Versuche, die deutsche Aufrüstung zu kontrollieren, noch nicht an ihr Ende gelangt. Mit

Bedacht hatte Hitler seinen Propagandaphrasen vom Verständigungswillen nur wenige Tage später ein konkretes Angebot folgen lassen, das sich einerseits maßvoll ausnahm, andererseits aber die längst angelaufene deutsche Aufrüstung nicht gefährdete. Da der Grundsatz der allgemeinen Gleichberechtigung auf dem Wege einer allgemeinen Abrüstung nicht erreichbar sei, bot Hitler den Briten folgende Verabredung an: Im Gegenzug für einen Rüstungsstopp der hochgerüsteten Staaten werde Deutschland zwar ein mit Artillerie- und Panzereinheiten ausgerüstetes 300 000-Mann-Heer mit einjähriger Dienstzeit aufstellen, aber auf die Anschaffung von schweren, großkalibrigen Waffen oder Bombenflugzeugen verzichten. Ergänzend unterbreitete er den Vorschlag, in vertraglichen Abmachungen die Nichtanwendung von Giftgasen und das Verbot zum Einsatz von Fliegerbomben gegen die Zivilbevölkerung zu verankern. Später folgte noch die Bereitschaftserklärung zum Abschluss von Nichtangriffspakten mit Großbritannien, Frankreich, Italien, der Tschechoslowakei und Jugoslawien.

Die Briten, denen Hitlers Vorschläge im Ganzen unannehmbar, aber im Einzelnen eben doch verhandelbar erschienen, waren gewillt, die Chancen einer Übereinkunft auszuloten, um eine vertragslose deutsche Aufrüstung abzuwenden. Dass sie die Bereitschaft signalisierten, auf die deutschen Verhandlungsvorschläge einzugehen, bedeutete allerdings nicht weniger als die implizite Anerkennung von Deutschlands Recht zu einer gemäßigten Aufrüstung. Dies schwächte die Position Frankreichs, das unnachgiebig auf einer deutschen Demobilisierung beharrte. Damit waren die Standpunkte der beiden Westmächte geradezu gegensätzlich: Während Frankreich die Errichtung einer gegen Deutschland gerichteten Allianz anstrebte, wollte Großbritannien den Frieden durch eine Übereinkunft mit dem Reich dauerhaft sichern. Der deutsche Rückzug aus Genf hatte beide Länder in ihrer jeweiligen Auffassung nochmals bestärkt: Paris setzte noch stärker auf die Festschreibung des Status quo, vor allem auf die Entwaffnung Deutschlands, und London hielt weiterhin am Kurs des *Appeasement* fest, dem es seit den Pariser Verhandlungen 1919 verpflichtet war.

Nach dem Ersten Weltkrieg hatte das Vereinigte Königreich zu seinem Kolonialbesitz auf allen Kontinenten noch ehemalige deutsche Kolonien sowie die Mandatsgebiete Palästina und Irak übernommen und somit die größte Ausdehnung in seiner Geschichte erreicht. Permanent überfordert vom Auseinanderklaffen ihres begrenzten ökonomischen und militärischen Potenzials einerseits und ihrer weltpolitischen Rolle andererseits, hatte die britische Regierung seither die Konfliktvermeidung zur obersten Maxime ihrer Außenpolitik erhoben. Da für das britische Mutterland wie für das Empire insgesamt die Bewahrung des europäischen Friedens von besonderer Bedeutung war, zeigte sich London für eine Politik des friedlichen Wandels zur Erhaltung der bestehenden Grundordnung durchaus offen. Deshalb hatte man in London auf die deutsche Revisionspolitik, vor allem in der Reparationsfrage, kompromissbereit reagiert. Nachdem das Reich die Abrüstungskonferenz verlassen hatte, erschien es den Briten alternativlos vernünftig, mit Deutschland eine Konvention über die Rüstungsfrage auszuhandeln, um eine unkontrollierte deutsche Aufrüstung und ein allgemeines Wettrüsten zu verhindern. Das setzte allerdings die Anerkennung einer – begrenzten und kontrollierbaren – deutschen Wiederaufrüstung voraus, der sich die Franzosen unnachgiebig entgegenstellten.

Nachdem Anfang Februar 1934 die krisengeschüttelte Dritte Französische Republik einen neuerlichen Regierungswechsel erlebt hatte, durch den die Spitzenämter mit Männern besetzt worden waren, die allesamt noch Zeitzeugen von Bismarcks Frankreichkrieg waren, hatten sich Haltung und Ton der französischen Politik versteift. Dies verstärkte sich nochmals, als zwei Monate später der von Berlin veröffentlichte Haushaltsplan für 1934/35 eine massive Ausgabenerhöhung für militärische Zwecke auswies. Für die neue Regierung um Ministerpräsident Gaston Doumergue, Außenminister Louis Barthou und Kriegsminister Philippe Pétain, die alle das 70. Lebensjahr überschritten hatten und deren außenpolitischer Denkansatz der Vorkriegszeit entstammte, kam nur ein strikt antideutscher Kurs in Frage. Da die kollektive Abrüstungsdiplomatie in Genf gescheitert war, musste nach ihrer Einschätzung die Versailler Nachkriegsordnung, deren Bestand zu einem maßgeblichen Teil auf der Entwaffnung Deutschlands beruhte, durch die eigene Rüstungsüberlegenheit sowie durch ein System ineinander verflochtener Unterstützungsverträge gesichert werden. In dieser Mission reiste Barthou quer durch Europa und vermochte die Tschechoslowakei, Rumänien und Jugoslawien eng an Frankreich zu binden. Diese sogenannte »Kleine Entente« stellte nun den Kern des französischen Sicherheitssystems dar. Parallel dazu intensivierte Barthou die Beziehungen zu Moskau – mit dem Erfolg, dass die Sowjetunion Mitte September 1934 dem Völkerbund beitrat und Anfang Mai 1935 einen Beistandspakt mit Frankreich schloss, der zwei Wochen später um einen tschechoslowakisch-sowjetischen Beistandspakt ergänzt wurde.

Während sich mit dieser offensiven Eindämmungspolitik der Ring um das Reich schloss, kam der deutschen Außenpolitik einmal mehr der Zufall zu Hilfe: Am 9. Oktober 1934 fiel der französische Außenminister in Marseille einem Attentat zum Opfer. Der neue Außenamtschef Pierre Laval ersetzte die Linie seines Vorgängers schrittweise durch eine Deutschlandpolitik, die stärker auf Entspannung und Einbindung abzielte, und schwenkte auf den britischen Kurs ein. Fortan dominierte eine *Appeasement*-Politik, die auf eine vertraglich geregelte Aufrüstung Deutschlands als Vorstufe zur Einbindung in ein gesamteuropäisches Friedenssystem setzte. Hitler aber verband mit der Aussicht auf deutsch-britische Verhandlungen über eine bilaterale Flottenbegrenzung ganz andere Hoffnungen: In den Verhandlungen ließ sich der Eindruck deutscher Verständigungsbereitschaft verbreiten, der die englische Linie gegenüber der französischen stärken sollte. Überdies würde ein tatsächlich abgeschlossener Flottenpakt die längst angelaufene deutsche

Aufrüstung sanktionieren. Schließlich hoffte Hitler durch die Demonstration genügsamer Selbstbeschränkung die Psychologie der Briten zu treffen, denen er unverlangt die Anerkennung ihres traditionellen maritimen Vormachtsanspruchs anbot. Über diese taktischen Motive hinaus sah Hitler das angestrebte bilaterale Marineabkommen allerdings auch als Auftakt zu jenem Bündnis zwischen britischer See- und deutscher Kontinentalmacht, das er schon in *Mein Kampf* skizziert hatte. Taktische Motive und weltanschauliche Bündnisziele ergänzten sich somit für Hitler in dem angestrebten deutsch-britischen Flottenausgleich, in dem er deshalb seinen »Königsgedanken«[2] gefasst zu haben glaubte.

Auch zu diesem Zeitpunkt bildete, wenngleich vom taktischen Moment noch verdeckt, Hitlers Weltanschauung das durchgängig wirksame Grundprinzip seiner Politik, die mit dem für den 7. März 1935 geplanten Berlinbesuch des britischen Außenministers John Simon einen entscheidenden Schritt vorankommen sollte. Als jedoch die Londoner Regierung am 4. März ein Weißbuch veröffentlichte, in dem die deutsche Aufrüstung sowie der militärisch-aggressive Geist in Deutschland verurteilt wurden, ließ Hitler diesen Besuch überraschend verschieben. Zuvor hatte das britische Parlament den fortgesetzten Vertragsbruch Deutschlands bereits scharf kritisiert und damit gewissermaßen auf den taktischen Kurswechsel in Berlin reagiert: Da sich die forcierte Aufrüstung kaum noch glaubhaft bestreiten und geheimhalten ließ, hatte Hitler bereits zu Jahresbeginn die Devise ausgegeben, einen weit höheren Aufrüstungsstand vorzutäuschen, um in den Verhandlungen aus einer Position der Stärke operieren zu können. In diesem Sinne suchte er nun die englische Kritik zum eigenen Vorteil zu wenden, indem er gewissermaßen die Flucht nach vorn antrat und – wie stets in kritischen Situationen den Einsatz erhöhend – den Entschluss zur Verkündung der Wehrhoheit fasste. Am 9. März 1935 bestätigte die deutsche Regierung den Luftattachés der auswärtigen Mächte die Existenz einer deutschen Luftwaffe, die Göring propagandagerecht zum rein defensiven Instrument erklärte. Dennoch galt die offizielle Enttarnung als Testbarometer für den nächsten Schritt, der am nachfolgenden Wochenende verkündet werden sollte: die Wiedereinführung der Wehrpflicht am 16. März 1935.

Am Vorabend ihrer Proklamation war es in einer Sitzung des Kleinen Ministerrats dann bezeichnenderweise Reichswehrminister Blomberg, der Bedenken gegen Hitlers Vorhaben anmeldete, die Wehrpflicht zu verkünden und zugleich die Aufstellung einer Armee im Umfang von 550 000 Soldaten als Ziel festzulegen. So entstand die paradoxe Situation, dass Blomberg als Vertreter des Kriegshandwerks diesen Schritt, der eigentlich im Interesse der Wehrmacht liegen musste, eher ablehnte, während Außenminister Neurath als Vertreter der Diplomatie ihn unterstützte. Von jeher war Neurath ein überzeugter Anhänger der »Risikorüstung« gewesen – jener auf Alfred von Tirpitz zurückgehenden Theorie also, nach der es für jeden Angreifer ein unkalkulierbar großes Wagnis sein sollte, gegen Deutschland einen Krieg zu führen. Er hegte inzwischen »keine Besorgnis« mehr, »daß einer unserer Nachbarn etwa durch einen Präventivkrieg die weitere Erstarkung Deutschlands zu verhindern suchen wollte. Ein solches Unternehmen bedeutete schon jetzt für den Angreifer ein schweres Risiko.«[3]

Blombergs Sorge vor der Reaktion des Auslands war nach diplomatischer Einschätzung tatsächlich unberechtigt. Immerhin war kurz zuvor der verschobene Staatsbesuch der Briten auf das Monatsende terminiert worden, und es stand zu erwarten, dass London sich vorschnellen kollektiven Sanktionen widersetzen und stattdessen das Gespräch suchen würde. Einmal mehr zeigte sich die Schnittmenge der Interessen innerhalb der konservativ-nationalsozialistischen Koalition: Ihren machtpolitischen Ansatz fanden Blomberg und Neurath, die beide der militärgestützten Variante deutscher Großmachtpolitik anhingen, von Hitlers außen- und rüstungspolitischem Kurs gedeckt. Ihre Bereitschaft zur Zusammenarbeit, die zur Bemäntelung der risikoreichen Politik der überraschenden Vertragsbrüche unerlässlich war, basierte hauptsächlich auf dieser Übereinstimmung. So lieferten die diplomatischen Routiniers im Auswärtigen Amt etwa jene taktische Argumentation, die Wiedereinführung der Wehrpflicht in Deutschland sei eine bloße Reaktion auf das von der französischen Regierung am 12. März 1935 beschlossene Gesetz über die Verlängerung der Wehrdienstpflicht.

Nach diesen Vorbereitungen fielen die Reaktionen auf den Bruch des Versailler Vertrages so aus, wie es die Routiniers im Auswärtigen Amt erwartet hatten: Der italienische Botschafter nahm wie der polnische den Akt lediglich zur Kenntnis, der französische protestierte heftig und der britische erkundigte sich, ob die Reichsregierung auch weiterhin zu den avisierten Verhandlungen bereit sei. Da Frankreich ohne Großbritannien nicht handeln wollte, die Londoner Regierung aber auf die Verhandlungsoption setzte, folgte dem eklatanten Verstoß gegen den Versailler Vertrag keine unmittelbare Reaktion. Damit erhielt der Berlinbesuch des britischen Außenministers Simon und des Abrüstungsbeauftragten Anthony Eden, der am 25. März begann, eine besondere Bedeutung. Hitler nutzte die Gelegenheit, um das Reich als »Vormacht im Widerstand gegen das bolschewistische Asien«[4] zu präsentieren und die deutsche Aufrüstung als notwendige Abwehrmaßnahme gegen die französisch-sowjetische Annäherung darzustellen. Nochmals erneuerte er sein Bekenntnis zum Frieden, erklärte die Bereitschaft zum Abschluss bilateraler Nichtangriffspakte und wiederholte seine Bereitwilligkeit zum Verzicht auf alle allgemein verbotenen Waffen. Sogar die Rückkehr in den Völkerbund wollte er unter bestimmten Gegebenheiten nicht ausschließen. Den Briten bot er die Anerkennung ihrer absoluten Vorherrschaft zur See an, indem er seinen Vorschlag zu einem Flottenvertrag erneuerte. Begleitet war das werbende Entgegenkommen von wohlüberlegten Drohungen. Erst als er Simon »versicherte, daß die deutsche Luftwaffe die Stärke der englischen erreicht habe«, sei eine von »gegenseitigem Respekt« getragene Aussprache möglich gewesen, auf deren Grundlage »dann auch unser Flottenabkommen zustande« kam, äußerte er noch späterhin.[5] Tatsächlich war nach den Meldungen aus London die Sorge vor den deutschen Luftrüstungen dort längst in Panik umgeschlagen; Hitler wusste die Angst des nur zu Wasser und aus der Luft zu bedrohenden Inselreichs dafür zu nutzen, um es für die Idee eines Flottenpakts zu gewinnen. Im Ganzen erbrachten die Berliner Unterredungen zwar keine konkreten Ergebnisse, bestärkten jedoch die Briten in ihrer Neigung zum Abschluss einer Flottenvereinbarung.

Dieses Resultat aber verstärkte die Interessendivergenz unter den europäischen Großmächten, die wegen des deutschen Vertragsbruchs am 11. April 1935 im italienischen Stresa zu einer Gipfelkonferenz zusammenkamen. Inzwischen hatte Frankreich als Reaktion auf die deutsche Kampfansage an die Versailler Ordnung bereits die Verhandlungen über das französisch-sowjetische Bündnis intensiviert. Großbritannien seinerseits verfügte über die Option, direkt mit Deutschland zu verhandeln, und war bestrebt, Konferenzbeschlüsse zu verhindern, die Hitler brüskieren könnten. Mussolinis Italien wiederum richtete seine Annexionsträume längst auf das ostafrikanische Kaiserreich Abessinien, so dass es dem Interesse des »Duce« widersprach, die für einen Militärschlag nach Süden benötigten Truppen für eine Intervention nach Norden bereitzuhalten. Überdies konnte der deutsche Vertragsbruch als Testfall für den geplanten italienischen gelten: Wenn Großbritannien und Frankreich den Schachzug Hitlers ohne militärische Reaktion hinnahmen, dann ließen sich auch im Fall eines Angriffs auf das Völkerbundmitglied Abessinien nur papierne Proteste erwarten.

So endete die Stresa-Konferenz mit einer Resolution, in der lediglich »die Methode der einseitigen Aufkündigung« verurteilt wurde. Diesen Minimalkonsens flankierte die kraftlose Absichtserklärung, sich zukünftig »mit allen geeigneten Mitteln jeder einseitigen Aufkündigung von Verträgen zu widersetzen«.[6] Weil aber unmittelbare Sanktionen nicht verhängt und die Aufhebung des deutschen Militärgesetzes nicht verlangt wurden, kam die Resolution einer stillschweigenden Anerkennung der deutschen Vertragsverletzung gleich. Überdies klang die Ankündigung, weiteren deutschen Gewaltcoups entgegentreten zu wollen, kaum überzeugend, weil bereits in Stresa so unterschiedliche Interessenlagen aufeinander getroffen waren und es den Teilnehmern an dem gemeinsamen Willen zum Handeln gefehlt hatte. Die viel zitierte Front zur Eindämmung der deutschen Revision jedenfalls war von Beginn an brüchig.

Hitler seinerseits hatte durch sein Verhalten verschiedene taktische Elemente zu einer fatal erfolgreichen nationalsozialistischen Außenpolitik verbunden. Werbendes Entgegenkommen, vorgetäuschte Verständigungsbereitschaft und kalkulierte Drohungen; ferner das in der Österreichkrise bewährte Prinzip, eine günstige Gelegenheit abzuwarten und erst dann zu handeln; zudem die Behauptung, man reagiere nur auf eine Provokation durch das Ausland; und schließlich eine Überrumpelungstaktik, die alle vor vollendete Tatsachen stellte – all das kennzeichnete Hitlers Außenpolitik, mit der er innerhalb einer günstigen internationalen Konstellation reüssierte. Mit der Rückeroberung der Wehrhoheit unternahm Hitler zugleich einen wichtigen Schritt auf dem Weg zur Entfesselung des Krieges: Die Gewährsmächte der Versailler Ordnung, in ihren Zielen uneins, hatten sich der einseitigen Aufkündigung des Status quo durch das Reich nicht widersetzt. Die deutsche Aufrüstung zu tolerieren, verurteilte sie aber dazu, zukünftigen gewaltsamen Veränderungen der Nachkriegsordnung nur durch militärischen Widerstand entgegentreten zu können, was ein noch höheres Risiko barg. Diesem strukturellen Dilemma wollten die Briten nun wenigstens auf maritimem Gebiet Einhalt gebieten.

Das deutsch-britische Flottenabkommen

Am 4. Juni 1935 traf Hitlers außenpolitischer Berater Joachim von Ribbentrop als Unterhändler in London ein, um das gewünschte deutsch-britische Flottenabkommen auszuhandeln. Verhandlungsspielraum aber gab es keinen. Weisungsgemäß präsentierte der Sonderbotschafter vielmehr in charakteristisch starrer und bornierter Manier den »unerschütterlichen Entschluß« des »Führers«, der nicht verhandelbar sei. Allen Einwänden der Briten »kategorisch« entgegentretend, wie Ribbentrop selbst formulierte, unterbreitete er ein Angebot von »welthistorischer« Bedeutung. Danach sollte die deutsch-britische Marinerüstung im Verhältnis 35 zu 100 bei der Flotte und im Verhältnis 45 zu 100 bei der U-Boot-Waffe begrenzt werden; der Vertrag sollte, pathetisch verkündet, »ewig«[7] gelten.

Dass die Briten den Vertrag schließlich am 18. Juni 1935 zu diesen Konditionen unterzeichneten, nachdem sie die Verhandlungen angesichts von Ribbentrops Auftakt zunächst entrüstet abgebrochen hatten, war Ausdruck und Ergebnis britischer Interessenpolitik. Eine vertragliche Begrenzung der deutschen Marinerüstung erschien vor allem der Admiralität sinnvoll und notwendig, um das strategische Augenmerk britischer Marinerüstung auf den Pazifik und auf die Abwehr Japans richten zu können. Vor dem Hintergrund dieser Einschätzung entschloss sich die englische Regierung zu dem Vertragsschluss, der Deutschlands Marineumfang limitieren sollte. In Paris löste das Flottenabkommen, das ausgerechnet am 120. Jahrestag des britisch-preußischen Sieges von Waterloo über die Truppen Napoleons unterzeichnet wurde, große Empörung aus. Zutreffend urteilte der französische Botschafter in Berlin rückblickend, der Flottenpakt sei die »erste Bresche in der Mauer der Solidarität gegen Hitler«[8] gewesen, die freilich in Stresa mit ohnehin brüchigem Fundament aufgebaut worden war.

Die Briten hatten in ihrem eigenmächtigen Vorstoß den paradox anmutenden Versuch unternommen, den Grundsatz der Multilateralität zu verletzen, um Europa wieder zum Prinzip der kollektiven Sicherheit zurückzuführen. Wenn sich Hitler, so ihr Kalkül, den angebotenen multilateralen Abkommen verweigerte, musste er über den Zwischenschritt bilateraler Abmachungen kontrolliert werden. Mit diesen wurde immerhin ein Sicherheitsgewinn für Europa erzielt, und nach britischer Beteuerung sollten sie zu einem späteren Zeitpunkt wieder in den multilateralen Rahmen eingepasst werden. Bei nüchterner Bewertung mochten die Briten in dem Pakt nur Vorteile für das Empire zu erkennen, die ohne Konzessionen erreicht worden waren. Auch eine neue Auseinandersetzung in der Frage der Kolonien, die Hitler in den Berliner Gesprächen aufgeworfen hatte, schien abgewendet. Zudem erlaubte die vertragliche Begrenzung der deutschen Hochseeflotte die Konzentration auf die maritimen Herausforderungen im Mittelmeer und im Fernen Osten; ferner verminderte sie die Gefahr, dass ein europäischer Konflikt den Unabhängigkeitsbewegungen in Übersee Auftrieb verleihen und das gesamte Empire in Gefahr bringen würde.

Aber so wie die Briten sich in den Erwartungen täuschten, die sie an den Pakt knüpften, so irrte sich auch Hitler: Die britische *Appeasement*-Politik nämlich zeigte sich gegenüber vertraglichem Wandel offen, um die bestehende Ordnung und den Frieden in Europa zu bewahren. Hitler aber wollte keinen friedlichen Wandel, sondern einen alles umstürzenden Krieg, und sah sich mit dem Pakt in seinem Bündnisplan einen Schritt vorangekommen. »Bündnisse schließt man nur zum Kampf«, hatte er in *Mein Kampf* geschrieben. »Ein Bündnis, dessen Ziel nicht die Absicht zu einem Kriege umfaßt, ist sinn- und wertlos.«[9]

So feierte der sichtlich zufriedene Diktator die deutsch-britische Flottenverständigung als den »Beginn einer neuen Zeit«. Frohlockend, einen Fortschritt, ja gar einen Durchbruch im Sinne seines Grundplanes erzielt zu haben, wollte er »fest daran [glauben], daß die Briten die Verständigung auf diesem Gebiet mit uns nur als Auftakt für eine sehr viel weitere Zusammenarbeit suchten. Eine deutsch-britische Kombination werde stärker sein als alle anderen Mächte zusammen.«[10] So falsch diese Einschätzung war, so unbestritten ist die Bedeutung des Londoner Erfolgs: Dieser nämlich kam einer Sanktionierung der deutschen Vertragsbrüche und einer nachträglichen Billigung der deutschen Aufrüstung gleich und trug dazu bei, die außenpolitische Vereinzelung Deutschlands zu lockern.

Das Ende der »Stresa-Front«

Nachdem die Isolierung des Reiches erst in östlicher Richtung durch Polen und nun in westlicher Richtung durch Großbritannien durchbrochen worden war, bahnte sich ab Oktober 1935 im Süden eine Entwicklung an, die ein Vierteljahr später die ohnehin labile »Stresa-Front« vollends zum Einsturz brachte. Aus verschiedenen Gründen war Abessinien ins Visier Mussolinis geraten: Es galt als lang gehegtes Ziel kolonialer Ambitionen Italiens und sollte nun den Auftakt zur Errichtung eines faschistischen Imperiums bilden. Durch einen ruhmreichen Feldzug wollte sich Mussolini zudem für eine im Jahr 1896 erlittene Niederlage Italiens an dem ostafrikanischen Kaiserreich rächen, wobei ihn die Triumphe der Gewaltpolitik Hitlers zusätzlich anspornten. Ermunternd gewirkt hatte ferner der vom Völkerbund straflos hingenommene japanische Angriff auf die Mandschurei 1931. Von diesem »Sündenfall«[11] des Völkerbundes beflügelt, fragten die Italiener die Briten ganz unumwunden, warum diese »soviel Aufhebens um Abessinien« machten, schließlich hätten sie doch auch ihren »Ärger wegen der Mandschurei hinuntergeschluckt«.[12]

Vor diesem Hintergrund musste ein militärischer Konflikt zwischen Italien und Abessinien, die beide Mitgliedsstaaten des Völkerbundes waren, das Genfer Gremium in eine tiefe Krise stürzen, auf die wiederum Hitler hoffte. Wie Joseph Goebbels, der deutsche Propagandaminister, notierte, sei der Krieg in Abessinien »unvermeidlich«. »Der Führer ist glücklich. Gibt einen Abriß seiner außenpolitischen Pläne«, in deren Mittelpunkt ein »ewiges Bündnis« mit England stünde und mit dem sich die Voraussetzung einstelle, um »nach Osten [die] Ausweitung« in einem Feldzug gegen die Sowjetunion einzuläuten. Mit dem Konflikt »Japan-Rußland« komme »unsere große geschichtliche Stunde«. Das erwartete Dilemma jedenfalls, in das Mussolinis Abessinienkrieg den Völkerbund stürzen würde, ließ Goebbels frohlocken: »Unterdeß streifen wir die Ketten ab.«[13] Tatsächlich war der Völkerbund dem Prinzip der Kriegsächtung verpflichtet, gegen das ein Angriff Italiens fundamental verstoßen würde. Andererseits aber ließ sich absehen, dass eine Intervention der Staatengemeinschaft den italienischen Diktator an die Seite des deutschen treiben konnte – eine Konstellation, auf die Hitler spekulierte. Die Westmächte waren sich dieses Problems sehr wohl bewusst. Seit geraumer Zeit bereits hatte Frankreich deshalb versucht, das bilaterale Verhältnis zu entspannen, das durch italienisch-französische Konflikte im Mittelmeer und in Südosteuropa belastet war. Auch Italien hatte durchaus ein begründetes Interesse an einem Ausgleich mit Frankreich, denn für die Schutzmacht Österreichs zeichnete sich ab, dass eine militärische Verteidigung des Status quo im Norden bald nur noch gemeinsam mit den Westmächten möglich sein würde. In dieser Lage wechselseitiger Abhängigkeit hoffte Mussolini, den Westmächten als Gegenleistung für seine Kooperation gewissermaßen deren passives Desinteresse für die Annexion Abessiniens abhandeln zu können. Tatsächlich hatte diese Strategie in begrenztem Maße Erfolg, jedenfalls waren London und Paris zu weitgehenden Zugeständnissen bereit. Die gemeinsame französisch-britische Position – einerseits ihr Entgegenkommen als Gegenleistung für Mussolinis Bereitschaft zum Gewaltverzicht in Aussicht zu stellen und ihn andererseits mit Drohungen und Versprechungen zu Zugeständnissen bewegen zu wollen – vermochte den »Duce« jedoch ebenso wenig von seiner Angriffsabsicht abzubringen wie die Kopplung von Sanktionsdrohungen und Freundschaftsbeteuerungen.

Doch anders als von Mussolini erwartet, reagierte der Völkerbund mit Sanktionen, als am 3. Oktober 1935 italienische Truppen mit dem Angriff auf Abessinien begannen. Zwar beschränkte sich die Staatengemeinschaft auf ein löchriges Wirtschaftsembargo. Das genügte aber, um das schwache Italien in Schwierigkeiten zu bringen. Auch der von militärischen Rückschlägen geprägte Feldzug, der sich erst durch Luftbombardements und den Einsatz von Giftgas zugunsten Italiens wandte, blieb nicht ohne Wirkung auf den reizbaren italienischen Diktator. Schließlich musste dieser erkennen, dass jede weitere seiner geplanten Eroberungen auf Widerstand in London und Paris treffen würde. All das führte Mussolini in zunehmende Opposition zu den Westmächten und brachte ihn somit dem Deutschen Reich näher, das sich als einzige große Macht nicht an den Sanktionen beteiligte. Berlin trieb allerdings ein Doppelspiel: Einerseits unterstützte man das wirtschaftlich geschwächte und moralisch isolierte Italien mit kriegswichtigem Material. Andererseits belieferte man auch – wenngleich in wesentlich geringerem Umfang – den abessinischen Herrscher mit Waffen. Hitler hoffte, so Italien gewinnen und den Krieg verlängern zu können, der das Interesse der Weltgemeinschaft von Europa ablenkte und nach Afrika hin orientierte. Zudem musste ein lange währender italienischer Feldzug das Reich stärken: Wirtschaftlich wurde das sanktionsbelegte Italien zunehmend vom Import deutscher Waren abhängig; militärisch benötigte es die deutschen Waffenlieferungen; geostrategisch musste es seine Konzentration auf den afrikanischen Kontinent und somit weg vom südosteuropäischen Raum verlagern. Diese Konstellation brachte Hitler in eine ungemein vorteilhafte Lage. Botschafter Hassell meldete aus Rom, der »von Feinden und Schwierigkeiten umgebene« Mussolini glaube, »daß letzten Endes ein gutes Verhältnis zum erstarkten Deutschland den italienischen Interessen dienlicher sei als ein Aufrechterhalten der 1934 entstandenen Spannung«. Bereits in einem Gespräch zu Jahresbeginn 1936 dankte Mussolini für Deutschlands wohlwollende Neutralität im Abessinienkrieg und regte an, dass die Deutschen, die »ja immer erklärt hätten, [die] österreichische Unabhängigkeit nicht antasten zu wollen«, die Beziehungen zu Wien auf der »Basis österreichischer Unabhängigkeit selbst in Ordnung bringen, z.B. in Gestalt eines Freundschaftsvertrages mit Nichtangriffspakt, der Österreich praktisch in das Kielwasser Deutschlands bringen würde, sodaß es keine andere Außenpolitik als eine parallele zu Deutschland treiben könne. Wenn Österreich so als formell unbedingt selbständiger Staat praktisch ein Satellit Deutschlands würde, so hätte er dagegen nichts einzuwenden.« Im Übrigen betrachte er »Stresa« als »ein für alle Male tot«.[14]

Freilich war es die eigene schwierige Situation, die Italien an die Seite Deutschlands rücken ließ. Nachdem er sich durch den Abessinienkrieg in die Entfremdung von den Westmächten hineinmanövriert hatte, sah sich Mussolini zum Entgegenkommen in der Österreichfrage gezwungen. Dieser aus der Not vollzogene taktische Schwenk, mit dem er die Unabhängigkeit Österreichs nun nicht mehr *gegen,* sondern nur im Einvernehmen *mit* Deutschland abzusichern versuchte, zerstörte endgültig die labile »Stresa-Front«. Die Westmächte hatten mit ihrer halbherzigen Haltung weder Italien von dem Angriff auf Abessinien abzubringen noch Mussolini an ihrer Seite zu halten vermocht. Schwer wog auch, dass durch die Hinnahme des Völkerrechtsbruchs zugleich das Prinzip kollektiver Sicherheit eine vernichtende Niederlage erlitten hatte und die brüchige europäische Staatenwelt nun »unwiderruflich in eine neue Ära internationalen Faustrechts«[15] eintrat.

Die Rheinlandbesetzung

Die weltpolitische Bedeutung des Abessinienkriegs bestand in dem Nutzen, den Hitler daraus für seine Außenpolitik zog. Dass die Westmächte auf die italienische Aggression nur mit geringfügigen Sanktionen reagiert hatten und vor einer Anwendung von Waffengewalt zurückgeschreckt waren; dass das Weltinteresse auf den in Abessinien weitergehenden Krieg gerichtet war; dass Italien sich dem Reich annäherte und die gegen Deutschland errichtete Front nicht mehr bestand; dass auch zwischen Paris und London sehr wohl Interessengegensätze existierten – all das hatte Hitler zu dem Entschluss geführt, die günstige Situation auszunutzen und in einem neuen Überraschungs- und »Wochenendcoup« die Reste des Versailler Vertragssystems zu zerstören: Er plante den Einmarsch in das entmilitarisierte Rheinland. »Die politische Entwicklung« lege, so Hitlers Überlegung, »den Gedanken nahe, ob nicht der psychologische Augenblick jetzt gekommen sei«, um den eigentlich für das Frühjahr 1937 anvisierten Einmarsch ein Jahr vorzuziehen: Die Sowjetunion sei »nur darauf erpicht, im Westen Ruhe zu haben, England sei militärisch in schlechtem Zustand und durch andere Probleme stark gefesselt, Frankreich sei innerpolitisch zerfahren«.[16] Die deutschen Diplomaten erhoben allerdings Bedenken gegen das Vorhaben, das nach allem Ermessen zwar keine militärische Reaktion der Westmächte, wohl aber eine weitere politische Isolierung Deutschlands zur Folge haben musste. Da angesichts der günstigen internationalen Konstellation eine Lösung auf dem Verhandlungswege in absehbarer Zeit möglich zu sein schien, rieten sie von einem Einmarsch ab. Nicht über das Ziel, sondern lediglich über die Methode und das Tempo bestanden also Differenzen. Hitler eröffnete seinen zögerlichen Diplomaten, in der »Lage der beiden faschistischen bzw. nationalsozialistischen Staaten«, die umgeben seien »von den bolschewistischen verseuchten Demokratien«, könne »Passivität auf die Dauer keine Politik« sein. Seine Überzeugung, dass »der Angriff« auch »in diesem Falle die bessere Strategie« sei, erhielt »lebhafte Zustimmung Ribbentrops«, der »mit andächtigem Ausdruck an H[itlers] Lippen« hing. Zu Hassells Missfallen redete Ribbentrop, der insgeheim nach dem Außenministeramt strebte, dem Reichskanzler fortwährend »in plumpster Weise nach dem Munde«. Wenn Hitler »drei Möglichkeiten so skizzierte, daß jedes Kind merken konnte, daß er für die dritte wäre, so schoß Ribbentrop nach vorn und flüsterte: ›Die dritte, mein Führer, die dritte!‹«[17]

Der von Hitler kraft diktatorischer Macht getroffene Entschluss demonstriert nicht nur beispielhaft seine antreibende und richtungsweisende Rolle, sondern offenbart auch seine inzwischen gewonnenen Fertigkeiten auf dem Feld der Außenpolitik. Er glaube, äußerte Hitler, »man solle jetzt den Russenpakt zum Anlaß nehmen«, um zu handeln. Um der Gegenseite die Möglichkeit zu nehmen, das deutsche Vorgehen als Angriff zu deklarieren, wolle er die Schaffung einer beidseitig der Grenze sich erstreckenden entmilitarisierten Zone empfehlen, ferner Nichtangriffspakte mit Belgien und den Niederlanden vorschlagen, einen ergänzenden Luftpakt offerieren und schließlich eine Neuverhandlung von Mussolinis Viererpakt anbieten. Hitlers Vorschlag, die passende Gelegenheit für einen Überraschungscoup abzuwarten und diesen mit demonstrativem Wohlverhalten zu koppeln, entsprach jedenfalls der bewährten diplomatischen Linie. Die Ratifizierung des schon vor Jahresfrist geschlossenen französisch-sowjetischen Beistandspakts stand noch immer aus, für Mitte Februar 1936 war darüber die Abstimmung in der französischen Kammer anberaumt worden, und Hitler wollte diese nunmehr zum Vorwand für den längst geplanten Einmarsch in das Rheinland nehmen.

Doch Hitlers neuer Coup bedeutete einen Bruch des Vertrages von Locarno, der im Oktober 1925 zwischen Deutschland, Frankreich und Belgien geschlossen worden war und von Italien und Großbritannien garantiert wurde. Darin hatten die Unterzeichnerstaaten ausdrücklich den Verzicht auf gewaltsame Änderung der im Versailler Vertrag festgesetzten deutschen Westgrenze anerkannt; vom Reich war darüber hinaus die dauernde Entmilitarisierung des Rheinlandes bekräftigt worden, gegen die Hitler nunmehr vollendete Tatsachen schaffen wollte. Der zur Ratifizierung anstehende französisch-sowjetische Beistandspakt, den Deutschland als Verstoß Frankreichs gegen den »Geist des Locarno-Vertrages« interpretierte, diente als Vorwand, um den eigenen Vertragsbruch einmal mehr als provozierte, defensive Maßnahme zu rechtfertigen. Zudem versicherte sich Hassell in Rom der Neutralität Italiens, die Mussolini zusagte. Hitler seinerseits beteiligte sich an den Maßnahmen zur Abschirmung und Risikominimierung mit einem langen Interview, in dem er gegenüber dem französischen Publizisten Bertrand de Jouvenel beteuerte, eine Verständigung mit Frankreich im Stile des mit Polen erreichten Ausgleichs anzustreben. Mit verschlagener Heuchelei parierte er die skeptische Nachfrage nach den antifranzösischen Passagen in *Mein Kampf* mit der Erklärung, diese habe er unter dem Eindruck der Rheinlandbesetzung 1923 geschrieben; die »Korrekturen« wolle er – ließ er ebenso pathetisch wie menetekelhaft wissen – »in das Buch der Geschichte« eintragen.[18]

So vorbereitet, begann ab dem 27. Februar, dem Tag, als der kontrovers diskutierte französisch-sowjetische Vertrag die Pariser Deputiertenkammer passierte, in Deutschland die heiße Phase. Parallel zu der am 4. März aufgenommenen Ratifizierungsdebatte im französischen Senat erließ Hitler am 5. März die letzten Einsatzbefehle an die Wehrmacht, die am 7. März in einem eher symbolischen Akt mit etwa 30 000 deutschen Soldaten unter dem Jubel der Bevölkerung in die entmilitarisierte Rheinlandzone einrückte. Die mit Abstand stärkste Reaktion kam aus Paris: Die mobilisierte französische Armee besetzte die Maginot-Linie, das nach dem Ersten Weltkrieg an der Grenze zu Deutschland errichtete Verteidigungssystem. Aus London warnten die deutschen Militärattachés vor einer außerordentlich ernsten Situation, die auch den deutschen Botschafter »in so vieler Beziehung an 1914«[19] erinnerte. Derart alarmiert, schlugen offenbar die Bedenken Blombergs in regelrechte Nervosität um, so dass der Kriegsminister den inzwischen selbst aufs höchste beunruhigten Kanzler bedrängte, den Befehl zum Rückzug zu erteilen. Für Hitler begann nach eigener Einschätzung die »aufregendste Zeitspanne« seines Lebens, die maßgeblich deshalb mit einem Triumph endete, weil Neurath zur Fortsetzung riet, als der Diktator sich schon fast zum Abbruch der Besetzung entschlossen hatte. Der Außenminister, für den sich aus den Nachrichten aus Paris und London herauskristallisierte, dass mit einer militärischen Gegenreaktion nicht zu rechnen war, hatte dabei den machtpolitischen Gewinn für das Reich im Sinn. Für den Diktator allerdings war das »Vabanquespiel am Rhein« vielmehr eine Frage des politischen Überlebens, da ein schmählicher Rückzug die charismatische Basis seiner Herrschaft unterhöhlen und das nationalsozialistische Regime zum Sturz bringen konnte. Noch später sprach er davon, dass, »wären die Franzosen damals ins

Rheinland eingerückt«, »wir uns mit Schimpf und Schande wieder [hätten] zurückziehen müssen, denn die militärischen Kräfte, über die wir verfügten, hätten keineswegs auch nur zu einem mäßigen Widerstand ausgereicht«.[20]

Frankreich jedoch – die Hauptgarantiemacht der Versailler Ordnung und eine Schlüsselfigur des Locarno-Vertrages – wollte ohne britische Unterstützung nicht zu weitgehenden Maßnahmen gegen die wiederholten deutschen Vertragsbrüche übergehen. In innenpolitische Wirren verstrickt, verweigerte das Pariser Übergangskabinett die Anordnung zur Generalmobilmachung, nach der ein übervorsichtiger, fast ängstlicher französischer Generalstab verlangte, der den deutschen Rüstungsstand und Widerstandswillen wissentlich und willentlich weit überschätzte. Die Großmacht Frankreich, die im Januar 1923 noch autonom gehandelt hatte, reagierte nunmehr im März 1936 mit tatenscheuer Rückversicherung in London, obwohl ihr ureigenstes Sicherheitsinteresse tangiert war. Denn während Großbritannien zwischen seinem Territorium und Deutschland immerhin noch die Nordsee wusste, lag zwischen Frankreich und Deutschland jetzt nicht einmal mehr der Rhein. Diese fundamental andere Gefährdungslage eröffnete für London sehr viel eher die Möglichkeit, in der Rheinlandbesetzung lediglich die Militarisierung eines deutschen Landstrichs zu sehen, durch den eigene Interessen kaum bedroht wurden. Deshalb trafen die zu einer militärischen Aktion unwilligen und unfähigen Franzosen auf zögerliche Briten, die ihren Blick bereits auf den – von Hitler parallel zum Rheinlandeinmarsch angebotenen – »großen Friedensplan« richteten. Ihr Kalkül war, den Diktator auf einen Vertrag festzulegen, unter dem seine eigene Unterschrift stand – denn bislang hatte er immerhin nur die von seinen geschmähten Vorgängern unterzeichneten Verträge gebrochen. Von deutscher Seite nur schleppend und ohne den Willen zum Vertragsabschluss geführt, hatten Hitlers Offerten ihren Zweck bei Verhandlungsbeginn längst erfüllt, nämlich die Reaktion auf die einseitige Aufkündigung des Locarno-Vertrages abzuschwächen. Der Völkerbund, der zu einer Sondersitzung zusammentrat, koppelte daher die Verurteilung des deutschen Vertragsbruchs mit der Würdigung des von Hitler bekundeten Willens zur Zusammenarbeit. Dass die Westmächte die von ihnen geschaffene Friedensordnung nicht mehr verteidigen wollten oder konnten, wertete der Diktator seinerseits als Eingeständnis ihrer Schwäche.

Alles in allem erzielte das Reich mit dem neuerlich unter Protest hingenommenen Vertragsbruch eine »sprunghafte machtpolitische Aufwertung«[21]. Tatsächlich ermöglichte die Rheinlandbesetzung die Befestigung der Westgrenze durch den 1936 geplanten und ab 1938 gebauten »Westwall«, einem sich über eine Länge von mehr als 600 Kilometern erstreckenden Verteidigungssystem. Das Rheinland verlor für Frankreich die Option als Sicherheits- und Aufmarschzone. Überdies war das wirtschaftlich so wichtige Ruhrgebiet abgeschirmt; eine »Faustpfandpolitik«, wie sie mit der Ruhrbesetzung vom Jahr 1923 betrieben worden war, wurde nun vollends unmöglich. Für Hitler hatte dieser defensive Vorteil auch eine offensive Kehrseite: Die Möglichkeit, die Westgrenze mit geringen Kräften verteidigen zu können, schuf die Voraussetzung für einen Angriff im Osten. Zugleich eröffnete sich mit der Besetzung der entmilitarisierten Rheinlandzone die Möglichkeit, den befestigten Teil der Maginot-Linie im Norden zu umgehen.

Doch Hitlers Coup hatte auch innenpolitisch-psychologische Effekte. In bekannter Manier beraumte er ein Plebiszit und eine Reichstagswahl an, um dem als Wiederherstellung der nationalen Ehre und der Souveränität des Reiches gefeierten Schritt die Bestätigung per Akklamation zu verschaffen. Diese am 29. März 1936 vollzogene Abstimmung endete mit einem manipulierten Zustimmungsergebnis in Höhe von fast 99 Prozent. Nichtsdestoweniger war die endgültige Zerstörung des Versailler Systems ungemein populär und löste eine Welle nationaler Euphorie aus. Hitler hatte jenen Prestigeerfolg erzielt, auf den der Coup abgestellt gewesen war. Mit kalkulierter Entschlossenheit hatte er den Status des Rheinlandes nicht auf dem Wege einer langwierigen diplomatischen Verhandlungslösung, sondern durch einen spektakulären Überraschungsschlag beseitigen wollen, um der abnehmenden Popularität seines Regimes eine propagandagerechte Aktion entgegenzusetzen. Weil er von der Priorität der Rüstung nicht hatte abgehen wollen, die längst zu Nahrungsmittelengpässen und zu einem wachsenden Unmut in der Bevölkerung geführt hatte, war der ohnehin geplante außenpolitische Schritt von Hitler auch mit Bedacht auf dessen innenpolitische Effekte vorgezogen worden. Zweifellos also war der machtpolitische Impuls des außenpolitischen Coups beabsichtigt gewesen, ja er hatte dynamisierend auf das ohnehin gesetzte Vorhaben gewirkt: In jedem Falle aber war es eben Hitler gewesen, der Methode und Tempo bestimmt hatte und der zu einem geschichtsmächtigen Faktor sui generis geworden war. Er hatte sich über die Einwände seiner Diplomaten hinweggesetzt und mit der Rheinlandbesetzung einen Triumph erzwungen, der den Glauben an die eigene Unfehlbarkeit stärkte. Die konservativen Bedenkenträger, die Goebbels als »Angstmeier im Gewand des Warners« verspottete, schienen unfähig »zu jedem kühnen Entschluss«.[22] Ungewollt hatte ihre Taktik, erst vom offenen Vertragsbruch abzuraten und dann dessen Gelingen abzusichern, ihre eigene Stellung unterhöhlt und das Gewicht Ribbentrops gestärkt. Er, der nach Hassells Aufzeichnung »wie immer blind allem zustimme, was H[itler] anrege«[23], war für den Diktator der bequemere Mann. In dieser Perspektive markiert der Rheinlandcoup zugleich auch einen Prestigegewinn Ribbentrops gegenüber den Routiniers im Auswärtigen Amt.

Mindestens ebenso entscheidend war der Triumph am Rhein allerdings für das Selbst- und Sendungsbewusstsein des Diktators. »Weder Drohung noch Warnungen« würden ihn fortan von seinem Weg abbringen, erklärte er in diesen Tagen. Zugleich kündigte er an, »mit traumwandlerischer Sicherheit« auch weiterhin den Weg zu gehen, den ihn »die Vorsehung gehen heißt«.[24] Vom Führer einer im Putschversuch 1923 gescheiterten Lokalpartei war er innerhalb von zwölf Jahren zum uneingeschränkten Diktator aufgestiegen, der zur Revolutionierung Europas und der Welt ansetzte. In seinem Glauben an die eigene Sendung bestärkt, wurde er auch selbst immer mehr »ein gläubiger Anhänger seines eigenen Mythos«[25]. Die Überzeugung seiner Unfehlbarkeit traf mit dem Glauben an die eigene Mission nun immer eingehender in jenem Mann zusammen, der bald nicht mehr nur über den Willen, sondern auch über die Machtmittel zur grundlegenden Veränderung der bestehenden Ordnung verfügte. Mit der Aufkündigung des Locarno-Vertrages durch den Rheinlandeinmarsch war nicht nur die letzte Verpflichtung aus der Stresemann-Ära und mithin die letzte Einbindung in ein multilaterales System beseitigt, sondern vielmehr eine Machtposition gewonnen worden, die den Glaubwürdigkeitsverlust kompensierte.

6 Weichenstellungen

Mit dem Einsatz der »Legion Condor« im Spanischen Bürgerkrieg 1936 demonstrierte Hitler Deutschlands militärische Stärke.

Spanischer Bürgerkrieg, die »Achse« Berlin-Rom und der »Antikominternpakt«

Immer deutlicher näherte sich Italien, das durch den Abessinienkrieg in selbstverschuldete Isolation geraten war, dem machtpolitisch erstarkenden Reich an. Nur von Deutschland konnte Mussolini Unterstützung für seine imperialen Pläne erhoffen; nur von dort war die vorbehaltlose Anerkennung seines nächsten Schrittes zu erwarten, den er im Windschatten von Hitlers Rheinlandcoup im Mai 1936 wagte: Er verkündete die Annexion Abessiniens und rief den italienischen König Viktor Emanuel III. zum »Kaiser von Äthiopien« aus.

Die Intensivierung der deutsch-italienischen Beziehungen wurde bald in ersten abgestimmten Aktionen erkennbar. So musste der nun von beiden Diktatoren bedrängte österreichische Kanzler Kurt Schuschnigg im Juli 1936 in ein nachteiliges Abkommen mit Deutschland einwilligen, zu dem er selbst sogar einen Entwurf vorgelegt hatte, um seinem Land wenigstens noch die Chance auf die Erhaltung der Selbstständigkeit zu bewahren. Von der Angst um »die eigene Existenz beseelt«, habe Schuschnigg »sozusagen den Selbstmord aus Furcht vor dem Tode« betrieben, lautete der Kommentar Hassells.[1] Nach den Erfahrungen der Rheinlandbesetzung konnte sich Schuschnigg von Frankreich und Großbritannien keine Unterstützung gegen den fortwährenden Druck Deutschlands erhoffen, ebenso wenig von Italien, das zunehmend auf die Linie des Reiches schwenkte. Mussolini nämlich fehlte längst die Macht, seine einstige Rolle als Protektor Österreichs wahrzunehmen, und so suchte er die Selbstständigkeit des Alpenstaats wenigstens auf dem Wege der Verständigung mit Deutschland zu sichern. Zugleich glaubte er, damit die »einzige und letzte Hypothek« des deutsch-italienischen Verhältnisses ausräumen zu können. Daher hatte er Schuschnigg »energisch bedrängt«, von dem Prinzip auszugehen, »daß Österreich ein deutscher Staat sei, der mit großem Deutschen Reich parallel gehen müsse«.[2] Ebendies wurde in dem am 11. Juli 1936 geschlossenen deutsch-österreichischen Abkommen über die Wiederherstellung freundschaftlicher Beziehungen vereinbart. Berlin erkannte im öffentlichen Teil des Vertrages »die volle Souveränität des Bundesstaates Österreich« an; Wien jedoch musste im geheimen Teil akzeptieren, »daß Österreich sich als deutscher Staat bekennt« und sich aufgrund dieser »Tatsache« verpflichte, die Außenpolitik »unter Bedachtnahme auf die friedlichen Bestrebungen der Außenpolitik der deutschen Reichsregierung zu führen«.[3]

In innenpolitischer Perspektive sicherte Schuschnigg zu, alsbald die österreichischen Nationalsozialisten an der Regierung zu beteiligen. Im Ganzen sollte also Österreich »mit den Methoden des Trojanischen Pferdes und der psychologischen Kriegsführung für den Anschluß reif gemacht werden«[4]. In Goebbels Einschätzung war das sogenannte »Gentlemen's Agreement« nichts weniger als die »Voraussetzung für einen 30. Jänner 1933 in Österreich«.[5]

Dem Einvernehmen der beiden Diktatoren über Österreich folgte die Verständigung über ein gemeinsames militärisches Engagement in Spanien, bei dem Italien und Deutschland noch enger zusammenfanden. Während die Olympischen Sommerspiele, die Anfang August 1936 in Berlin eröffnet wurden, das »Dritte Reich« propagandagerecht als Land des Friedens und der Gastfreundschaft in Szene setzten, versank Spanien in einem Bürgerkrieg. Dieser begann mit einer Revolte des Militärs um den Generalstabschef Francisco Franco gegen die »Frente Popular«, ein von der gemäßigten linken Mitte bis zu Kommunisten und Stalinisten reichendes Volksfront-Bündnis.

In auswegloser Lage hatte Franco am 24. Juli seine Unterhändler mit einem persönlichen Schreiben zu Hitler geschickt, der noch in der Nacht ihres Eintreffens die Entscheidung zur militärischen Hilfe traf, ohne zuvor seine zuständigen Minister zu konsultieren. Wenngleich diese zwar internationale Komplikationen im Falle einer deutschen Intervention befürchteten, so teilten sie doch Hitlers Auffassung, nach der es sich bei dem Bürgerkrieg um einen Kampf gegen die Ausbreitung des Kommunismus in Europa und damit um eine ideologische Auseinandersetzung von strategischer Bedeutung handele. Deutschland dürfe »ein kommunistisches Spanien unter keinen Umständen« dulden, da sonst »bei der derzeitigen Lage in Frankreich die Bolschewisierung auch dieses Landes nur eine Frage kurzer Zeit« sei und Deutschland, »eingekeilt zwischen dem gewaltigen Sowjetblock im Osten und einem starken kommunistischen französisch-spanischen Block im Westen«, nur noch »einpacken« könne.

Die Angst vor einer Ausbreitung des Kommunismus, die im Juni 1936 durch die Bildung einer »Volksfront« in Frankreich ohnehin Auftrieb erhalten hatte, war der Haupt- und Leitgedanke Hitlers in diesen Tagen. Alle anderen Motive und Gründe waren gegenüber dieser »ganz grundsätzliche[n] Frage«, in der »rein realaußenpolitisches Denken nicht genüge«, nur von untergeordneter Bedeutung.[6]

Freilich spielte bei der Beurteilung der Lage die Steigerung des Imports für wehrwirtschaftlich wichtige Rohstoffe aus Spanien ebenso eine Rolle wie die Möglichkeit zur »Erprobung« von deutscher Militärtechnik unter Kriegsbedingungen, die mit der Bombardierung spanischer Städte und Dörfer (darunter die baskische Stadt Guernica) durch die »Legion Condor« schreckliche Wirkungen hatte. Im Grunde zielte diese Demonstration militärischer Stärke zugleich auf England, das Hitler durch eine Doppelpolitik von Werbung und Drohung als Allianzpartner gewinnen wollte. Ribbentrops Bemühungen allerdings, ein Zusammentreffen zwischen Hitler und dem britischen Premierminister Stanley Baldwin zu arrangieren, schlugen fehl. Die Engländer, auf die Deutschlands militärische Schlagkraft nicht ohne Eindruck blieb, versuchten wie die Franzosen, sich aus den spanischen Wirren herauszuhalten und auch andere Staaten für ihre Politik der Nichtintervention zu gewinnen. So wurde die republikanische Kriegspartei in Spanien nur von der Sowjetunion gestützt, die Gegenseite von Deutschland und Italien.

Italien aber engagierte sich in diesem Konflikt weit stärker als Deutschland. Mussolini hatte – von denselben antibolschewistischen Motiven wie Hitler ausgehend – seine Truppen nicht zuletzt deshalb auf die Iberische Halbinsel geschickt, weil er seinen Einfluss im Mittelmeerraum ausdehnen und sich die Kontrolle über die spanischen Rohstoffe sichern wollte. Das Ziel, mit den Balearen eine wichtige Schlüsselposition im Mittelmeer besetzen zu können, und die Hoffnung auf eine italienfreundliche, am faschistischen Vorbild orientierte spanische Regierung verleiteten ihn allerdings zu einer Intervention, die Italiens Leistungsfähigkeit überforderte. Hitler kam diese Entwicklung durchaus entgegen, weil sie Italien zunehmend von Deutschland abhängig machte. Deshalb folgte seine eigene Politik dem kühl kalkulierten Interesse, den Spanischen Bürgerkrieg nicht zu verkürzen, da er die Aufmerksamkeit der europäischen Mächte von Deutschland ablenkte und dessen Manövrierfreiheit vergrößerte, indem er »sprungartig den Wärmegrad deutsch-italienischer Zusammenarbeit«[7] erhöhte. So äußerte Hitler im vertrauten Kreis ganz unumwunden, dass »vom deutschen Standpunkt ein hundertprozentiger Sieg Francos« einstweilen »nicht erwünscht« sei, sondern vielmehr ein Interesse »an einer Fortdauer des Krieges und der Erhaltung der Spannungen im Mittelmeer« bestünde.[8]

Bislang hatten sich die Diktaturen unabhängig voneinander – und unbeabsichtigt – wechselseitig Entlastung verschafft: Mussolinis Abessinienkrieg hatte die »Stresa-Front« beendet, Hitlers Rheinlandcoup die Aufmerksamkeit vom afrikanischen Kriegsschauplatz abgezogen. Nun aber schlossen sie sich zu einem Machtblock zusammen, den Mussolini längst sehr viel deutlicher anstrebte als Hitler. Von der Besorgnis getrieben, Großbritannien könne Deutschland gegen Italien auf seine Seite ziehen, drängte die italienische Regierung der deutschen einen Staatsbesuch ihres Außenministers Galeazzo Ciano geradezu auf. Ende Oktober war es so weit. Ciano kam nach Deutschland und verabredete mit Hitler eine engere deutsch-italienische Zusammenarbeit: Der Wille zum gemeinsamen Kampf gegen den Bolschewismus wurde bekräftigt, die Anerkennung der italienischen Annexion Äthiopiens vereinbart und die Abgrenzung von Interessensphären besprochen. Damit gewann das ideologisch-machtpolitische Bündnis mit Italien, das Hitler seit *Mein Kampf* angestrebt hatte, an Kontur. Die gemeinsame Intervention in Spanien hatte die faschistischen Mächte in einer von Mussolini am 1. November ausgerufenen »Achse Berlin-Rom« zusammengeführt, die einer Kriegserklärung an den Status quo gleichkam. Mussolini war der Ausgleich mit Hitler als alternativloser Ausweg erschienen und führte doch auf längere Sicht zum Gegenteil des Beabsichtigten: Die »Achse« engte seinen außenpolitischen Handlungsspielraum zunehmend ein. Erstens wurde damit die bewährte »Schaukelstrategie« des »peso determinante« aufgegeben – die Italien bislang die Bedeutung des »Züngleins an der Waage« zwischen dem Reich und den Westmächten gesichert hatte – und zweitens geriet das Land immer stärker in die Abhängigkeit von Deutschland.

Für Hitler dagegen blieb diese »Achse« in ihrer Bedeutung dem angestrebten Bündnis mit Großbritannien nachgeordnet. Als der Diktator im August seinen »Englandfachmann« zum Dienstantritt als Botschafter in London verabschiedete, klangen seine Worte fast beschwörend: »Ribbentrop, bringen Sie mir das englische Bündnis!«[9]

Doch Ribbentrop war ebenso wenig erfolgreich wie Hitler selbst, der am Rande der Olympischen Spiele bei Repräsentanten Großbritanniens mit seinem Bündnisplan geworben hatte. Mit Wohlwollen hatte er die britische Nichtintervention im Spanischen Bürgerkrieg registriert und auf eine passive Rückendeckung für seine eigenen kontinentalen Ziele gehofft. Letzten Endes – so hatte er dem früheren britischen Premierminister Lloyd George erklärt – würden sich die konservativen Briten gegen die bolschewistische Bedrohung und somit für ihn entscheiden müssen, da »das britische Weltreich unaufhaltsam seinem Untergang entgegengehe, falls es nicht im letzten Moment noch von deutschen Divisionen gerettet werde«[10]. Für die britische Regierung aber bestand – anders als in der Flottenpaktfrage – kein lebenswichtiges Interesse an einem Bündnis mit Deutschland. Vor allem hätten sie nur unter Aufgabe ihrer demokratischen Prinzipien die von Hitler geforderte Handlungsfreiheit Deutschlands nach Osten zusichern können – ein Kriterium, das dem Diktator indes nicht einleuchtete: »Über England klagt der Führer sehr«, notierte Goebbels im November 1936. »Es will und will nicht. Seine Führung hat keinen Instinkt.«[11]

Hitlers Bündnispläne blieben aber auch deshalb ohne Aussicht auf Erfolg, weil der nach London entsandte Ribbentrop für die Mission in jeder Hinsicht ungeeignet war. In charakteristischer Manier – die den Engländern noch aus den Flottenpaktverhandlungen bekannt war – diktierte er den Journalisten bei seiner Ankunft Ende Oktober 1936, der »Bolschewismus sei ohnehin die Weltpest, die ausgerottet werden müsse, und dort in Rußland lägen die deutschen Ziele. Gegen eine freie Hand im Osten wäre Hitler bereit, jedes Bündnis mit England zu schließen.«[12] Ribbentrops selbstherrliche Arroganz und erstaunliche Taktlosigkeit waren alsbald dem beißenden Spott der englischen Presse ausgesetzt. Zudem trat in dieser Zeit recht schnell seine dezidiert englandfeindliche Einstellung hervor, die ihn klar von Hitler unterschied.

Hatte Ribbentrop in der Frage der deutsch-britischen Beziehungen keinen Erfolg, so glückte ihm im Sommer 1936 immerhin die Anbahnung von Gesprächen mit dem japanischen Militärattaché in Berlin. Über Inhalte und Verlauf dieses als »Privatabenteuer von Dilettanten«[13] verspotteten Unternehmens wurde das Auswärtige Amt nicht offiziell informiert, auch deshalb, weil es letztlich mit dessen traditionell prochinesischem Kurs unvereinbar war. Am 25. November 1936 unterzeichneten Ribbentrop und ein japanischer Sonderbotschafter in einem »Antikominternpakt« den Willen beider Länder zur Bekämpfung der Kommunistischen Internationale. Im geheimen Zusatzabkommen verpflichteten sie sich zudem, keine Verträge mit der Sowjetunion zu schließen und im Falle eines sowjetischen Angriffs gegenseitig wohlwollende Neutralität zu üben. Zuvor bereits hatte Hitler seine Vision vom Konflikt im Fernen Osten entwickelt, für die der Defensivpakt ein absicherndes Instrument bot: Japan werde bald »Rußland verdreschen«, so dass »dieser Koloß« unbedingt »ins Wanken kommen« müsse. »Und dann ist unsere große Stunde da. Dann müssen wir uns für 100 Jahre an Land eindecken.«[14]

Die Annäherung an Italien und Japan war für Hitler jedoch keine Alternative zu dem aus rassenideologischen und machtpolitischen Gründen gesuchten Bündnis mit Großbritannien. Nach seiner Vorstellung sollten die Briten vielmehr durch den von Deutschland und Japan errichteten Machtblock, dem im November 1937 auch Italien beitrat, geradezu in eine Allianz mit dem Reich gezwungen werden. Während Ribbentrop mit dem »Antikominternpakt« die Hoffnung auf die Errichtung eines antibritisch ausgerichteten, weltpolitischen »Dreiecks Berlin-Rom-Tokio« verband, sollte das Zusammengehen mit Japan nach dem Willen Hitlers die mit England und Italien zu vereinbarende Aufteilung von Interessensphären lediglich ergänzen. Die Kolonialambitionen, denen Ribbentrop anhing, waren für Hitler vor allem taktischer Propagandazweck; das rassische Element war wiederum für Ribbentrop so entbehrlich, wie es für Hitler zentrale Bedeutung besaß. Ribbentrops Idee eines Kontinentalblocks, der auf einem Ausgleich mit der Sowjetunion basierte und mithilfe der japanischen Seemacht das Gegengewicht gegen das Britische Empire bilden sollte, beschrieb einstweilen noch das genaue Gegenteil des Bündnisplanes, der dem Diktator vor Augen stand. In der Tat existierte ein »Konzeptionen-Pluralismus«, der für die Außenpolitik des »Dritten Reiches« kennzeichnend war. Neben dem Auswärtigen Amt gab es verschiedene Personen und Institutionen, die außenpolitisch aktiv waren: so Göring und Goebbels, das »Außenpolitische Amt der NSDAP« unter Reichsleiter Alfred Rosenberg, die »Auslands-Organisation der NSDAP« unter Gauleiter Ernst Wilhelm Bohle und die »Dienstelle Ribbentrop«. Die unverkennbaren Differenzen zwischen diesen rivalisierenden Kräften vermochten jedoch auf die grundlegenden Entscheidungen Hitlers keinen maßgeblichen Einfluss zu nehmen. Allen anderslautenden Ideen ungeachtet, hatte der Diktator mit seinem »Vierjahresplan« inzwischen bereits die Weichen in Richtung Krieg gestellt.

»Vierjahresplan« und Kriegsvorbereitungen

Im Oktober 1936 ernannte Hitler seinen alten Gefolgsmann Hermann Göring zum »Beauftragten für den Vierjahresplan« und überreichte ihm eine selbst verfasste Denkschrift, die das Profil der neuen Aufgabe mit zwei Kernsätzen umriss: »I. Die deutsche Armee muß in 4 Jahren einsatzfähig sein. II. Die deutsche Wirtschaft muß in 4 Jahren kriegsfähig sein.«[15] Bereits ein halbes Jahr zuvor war Göring von Hitler als zentrale Koordinationsinstanz für die Rüstungswirtschaft eingesetzt worden und regierte auf der Grundlage von Hitlers Generalvollmacht bald quer durch alle Ressorts. Durch systematische Wirtschaftslenkung sollten alle Ressourcen und Produktionskräfte für die Aufrüstung mobilisiert und die deutsche Ökonomie »kriegsfähig« gemacht werden. Diesem Ziel entsprach auch der von Hitler im August 1936 unterzeichnete Erlass, mit dem die im Mai 1935 eingeführte Wehrdienstpflicht auf zwei Jahre ausgedehnt wurde.

All diese Schritte galten offiziell dem von Hitler seit langem propagierten Zweck, das Reich zum »Bollwerk« gegen den Bolschewismus und zum »Wellenbrecher einer Flut« zu machen, die andernfalls »Europa, seine Wohlfahrt und seine Kultur unter sich begraben« würde.[16] Auf den mittelalterlichen Reichsmythos anspielend, verknüpfte Hitler die Verkündung des »Vierjahresplanes« auf dem Parteitag 1936 mit den weltpolitischen Ereignissen, unter denen der Spanische Bürgerkrieg zu den »Zeichen einer böse werdenden Zeit« zähle: »Was wir jahrelang predigten über die größte Weltgefahr dieses endenden zweiten Jahrtausends unserer christlichen Geschichte, wird furchtbare Wirklichkeit.« Es gelte unter diesen Vorzeichen, so Hitler, »die Nation so stark zu machen«, dass sie »keine Angst vor einer bolschewistischen Invasion nach Deutschland haben müsse«. »Spanien soll als warnendes Exempel« vor den Kräften dienen, durch die »Europa in ein Meer von Blut und Trauer versinken« und durch die die europäische Kultur »von der grausamsten Barbarei aller Zeiten« abgelöst werden würde.[17]

Jenseits aller propagandistischen Zwecke war der Diktator aber tatsächlich auf die Auseinandersetzung mit dem »jüdischen Bolschewismus« fixiert, die für ihn den Charakter eines apokalyptischen Rettungskampfes von universaler Bedeutung hatte. In Paraphrasierung des aus *Mein Kampf* bekannten Zusammenhanges zwischen Politik und »Lebenskampf« warnte Hitler bei der Begründung seines »Vierjahresplans« vor diesem nahenden Konflikt, für den Deutschland Ausmaß und Tempo der Rüstung nach Kräften steigern müsse. Die Volkswirtschaft sollte auf Wehrwirtschaft umgestellt und zugleich der Privatkonsum aufrechterhalten werden. Dazu galt es nach dem Willen des Diktators, die Aufrüstung beschleunigt voranzutreiben und die Autarkie wie die Ersatzwirtschaft zu steigern. Die dadurch eingesparten Devisen sollten für den Import jener Materialien verwendet werden, die nicht durch heimische Rohstoffförderung oder durch Substituierung beschafft werden konnten. Hitlers finanzpolitisch und volkswirtschaftlich widersinnige Politik, mit der er die Bedürfnisse der Wirtschaft den Erfordernissen einer forcierten Aufrüstung unterordnete, ergab überhaupt nur Sinn als Vorbereitung zur kriegerischen Expansion: Nach seiner Vorstellung würde die Eroberung von Lebensraum, die Deutschlands Zukunft sichern sollte, auch die zwischenzeitlich auftretenden ökonomischen Probleme lösen. Mit dieser Weichenstellung, die Deutschlands Volkswirtschaft an den Rand des Ruins trieb, steuerte Hitler das Reich nun ganz bewusst immer tiefer in eine Zwangslage hinein: Zwischen 1933 und 1938 verdoppelte sich die Staatsverschuldung, so dass bald nur noch die Alternative zwischen Staatsbankrott und Krieg blieb.

Die Kriegsfähigkeit der Wehrmacht aber ließ sich innerhalb von vier Jahren nur dann herstellen, wenn keine personellen und materiellen Reserven für einen länger dauernden Krieg eingeplant wurden. Aus dem Verzicht auf die Tiefen- zugunsten einer solchen Breitenrüstung ergab sich jedoch die Notwendigkeit, in isolierten Feldzügen durch konzentrierten Einsatz aller Mittel die Entscheidung zu erzwingen – ein Ansatz, in den zugleich taktische Überlegungen hineinspielten, wie man eine Neuauflage der Materialschlachten des Ersten Weltkriegs verhindern konnte. In ihrem Kern lief die verbrecherische Rationalität von Hitlers Kriegsplänen also von Beginn an auf schnell zu erringende Beutesiege hinaus, mit denen die deutsche Volkswirtschaft vor dem Zusammenbruch bewahrt und der Konsum aufrechterhalten werden sollten. Zu dieser sozialen Befriedungsstrategie nach innen, die aus Hitlers Revolutionsangst resultierte, trat das Kalkül, die in der Außenpolitik bislang so erfolgreiche Taktik der Überraschungsschläge auch in der Kriegsführung anzuwenden. Insgesamt ergab sich somit aus kriegerischen Planungen, ökonomischen Möglichkeiten und innenpolitischen Rücksichten die sogenannte Blitzkrieg-Konzeption, auf der später die Planungen des Krieges gegen die Sowjetunion beruhten.

Wenngleich der Diktator die heillose Zerrüttung der Volkswirtschaft als scheinbar rationales Argument für die vermeintlich alternativlose Flucht in den Krieg nutzte, so war diese doch das Ergebnis einer von ihm bewusst und systematisch herbeigeführten Ausweglosigkeit. Wie Göring zum Jahresende 1936 in einer Rede »über die Gefahren des Bolschewismus und der Weltrevolution« die Gedankengänge Hitlers wiedergab, verlange »die Auseinandersetzung, der wir entgegengehen«, ein »riesiges Ausmaß von Leistungsfähigkeit. Es ist kein Ende der Aufrüstung abzusehen. Allein entscheidend ist hier der Sieg oder Untergang. Wenn wir siegen, wird die Wirtschaft genug entschädigt werden.«[18]

Mit dem Krieg als Fluchtpunkt seiner Politik kam für Hitler eine Drosselung der Rüstungsanstrengungen nicht in Frage, wohl aber – aus demselben Grunde – die Rücksichtnahme auf die soziale Zufriedenheit der Deutschen. Seine Furcht vor Unruhen, die ihn seit dem Ende des Ersten Weltkriegs begleitete, bewog ihn, die Konsum- und Lebensansprüche der Deutschen nicht außer Acht zu lassen, um Systemstabilität und letztlich Kriegsbereitschaft sicherzustellen. Die Finanzierung der kostenintensiven Sozial- und Wohlfahrtspolitik allerdings daher als die Triebkraft des Krieges zu sehen und mithin den Krieg als Ergebnis innenpolitischer Sachzwänge zu interpretieren, hieße, Ursache und Wirkung zu verkehren.

Nur für diesen Krieg, den Hitler in Konsequenz seiner absurden Gedankengänge zur Rettung der Menschheit führen wollte, betrieb er die ungebremste, bis zur Selbstzerstörung seines Regimes führende Rüstung und nahm die damit verbundene Verschuldung in Kauf: Würde der Krieg gewonnen, sollten Sklavenarbeit, Raub und Ausplünderung der unterworfenen Völker die deutsche Volkswirtschaft sanieren; ging er verloren, stellten sich derlei Fragen schlichtweg nicht mehr – so lautete Hitlers Alternative zwischen totalem Sieg oder vollständigem Untergang. Auf diese Katastrophe steuerten Deutschland, Europa und die Welt mit der durch den »Vierjahresplan« vorgenommenen Weichenstellung nun zu. So traf die von Göring zum Jahresende 1936 gedankenlos verbreitete Aussage den eigentlichen Kern von Hitlers Politik: »Wir stehen bereits in der Mobilmachung und im Krieg, es wird nur noch nicht geschossen.«[19]

Spannungsgeladene Ruhepause

Deutschland trete nunmehr »in einen neuen Abschnitt seiner Politik« ein, lautete zur Jahreswende 1936/37 die Prognose Ernst von Weizsäckers, der zwischenzeitlich zum kommissarischen Leiter der Politischen Abteilung des Auswärtigen Amts aufgestiegen war. Hitler habe »in den letzten Jahren innerhalb der deutschen Grenzen die von Versailles noch übriggebliebenen politischen Hypotheken abgeschüttelt«. Jetzt beginne die »Überleitung in eine neue Phase«, da fortan »die äußeren Ziele des Reichs [...] jenseits unserer Grenzen liegen«, die »bis zum ernsthaften Risiko eines Krieges zu verfolgen« allerdings nicht im Sinne der deutschen Politik sein könne.[20] Die Außenpolitik sollte sich nach Ansicht der nationalkonservativen Diplomatenelite auf die Sicherung und den Ausbau des Erreichten konzentrieren. Einen Krieg, dem Hitler insgeheim zustrebte, wollte sie möglichst vermieden wissen oder nur unter einer günstigen Konstellation als lokal begrenzten Konflikt mit überschaubarem Risiko wagen.[21] Ganz in diesem Sinne kündigte Hitler in seiner Reichstagsrede zum 4. Jahrestag der Machtübernahme an, dass nunmehr »die Zeit der sogenannten Überraschungen abgeschlossen ist«[22].

Doch der Prognose Weizsäckers entsprechend, rückte alsbald Österreich in den Blick der deutschen Außenpolitik. So reiste Außenminister Neurath im Februar 1937 nach Wien, wo er die

Einhaltung der im »Gentlemen's Agreement« fixierten Zusagen, vor allem die Aufnahme von Nationalsozialisten in die Regierung, anmahnte. Im folgenden Sommer fuhr er nach Belgrad, Sofia und Budapest, um die südosteuropäischen Staaten noch stärker auf einen von Berlin vorgegebenen Kurs zu verpflichten, der Österreich von zwei Seiten unter Druck setzen sollte.

Mit unverkennbarer Zielrichtung arbeitete die deutsche Diplomatie auf die politische und wirtschaftliche Gleichschaltung des bedrängten Nachbarstaats hin. Noch immer schienen dabei revisionistische Großmachtpolitik einerseits und revolutionäre Ideologie andererseits vereinbar zu sein. Beflügelt vom Aufstieg des Reiches, das nach den Worten des Diktators »heute wieder eine Weltmacht geworden«[23] sei, galt die Zuarbeit der Diplomaten wilhelminischer Prägung einer Außenpolitik, die letztlich im Sinne Hitlers und seines nur unzureichend erkannten Dogmas weltweiter Rassenherrschaft war. Tatsächlich durchzog Hitlers Österreichpolitik stets der ideologische Grundgedanke vom »gleichen Blut«, das in ein »gemeinsames Reich« gehöre. Zugleich schloss sie aber auch geo- und militärstrategische Überlegungen ein, denn ein Anschluss seiner Heimat würde die bedrohlich in das Reichsgebiet hineinragende Tschechoslowakei in eine dreiseitige Umklammerung bringen und die Möglichkeit eröffnen, den nach dem Vorbild der Maginot-Linie errichteten »Tschechoslowakischen Wall« an seiner vergleichsweise schwach befestigten Südflanke anzugreifen.

Göring wiederum verfolgte vor allem rüstungswirtschaftliche Interessen. Seine Absicht, die österreichischen Eisenerz- und Braunkohlevorkommen für den »Vierjahresplan« zu vereinnahmen, ging jedenfalls über die revisions- und machtpolitischen Argumente der Diplomaten hinaus, denen Österreich als Ausfalltor zur wirtschaftlichen Südostexpansion galt. Insbesondere die Ernennung Wilhelm Kepplers, der im Rahmen des »Vierjahresplanes« für die Rohstoffbeschaffung zuständig war und den Hitler nunmehr mit der parteiamtlichen Koordination der Österreichpolitik betraute, zeigte die vielfache Verflechtung der unterschiedlichen Anschlussmotive. Unter den veränderten Rahmenbedingungen wurde die im Fiasko von 1934 zurückgestellte aktive Anschlusspolitik jetzt wieder aufgenommen, so dass sich letztlich nur die Frage zu stellen schien, ob Österreich freiwillig oder gewaltsam sein Ende finden würde. Wie zum Beleg entrollte Göring beim Besuch von Österreichs Außenstaatssekretär Guido Schmidt im November 1937 eine Landkarte, auf der zwischen Deutschland und Österreich keine Grenze mehr eingezeichnet war. Er habe die Karte gleich »so angelegt, wie sie seinen Wünschen und seiner Auffassung«[24] entspräche, setzte er seinem Gast auseinander.

Einen wirklichen Konflikt oder gar eine offene Konfrontation zwischen Auswärtigem Amt und Vierjahresplanbehörde gab es indes nicht. Die Grenzen zwischen einer Politik konservativer Prägung, die auf eine Selbstgleichschaltung Österreichs setzte, und einer Politik des rüstungswirtschaftlichen Primats, die auf eine von Deutschland gesteuerte Fremdgleichschaltung abhob, waren vielmehr fließend. Wie weithin reibungslos die Zusammenarbeit funktionierte, zeigte sich in der Planung des ersten Staatsbesuchs von Mussolini in Deutschland, den Neurath und Göring in eng abgestimmten Reisen nach Rom vorbereitet hatten.

Als Mussolini am 25. September in Deutschland eintraf, waren die Grundlagen für einen günstigen Verlauf seiner Reise gelegt. Eine gigantische Inszenierung mit militärischem Pomp umrahmte den Aufenthalt des italienischen Diktators, der mit dem erwünschten Ergebnis endete: Mussolini dankte seinem Gastgeber für die durch Deutschland gewährte Unterstützung im Abessinienkrieg, die er »niemals vergessen« werde. Zugleich verkündete er die »feierliche Bekräftigung der Achse Rom-Berlin«, beschwor seinen Willen zum Frieden und gab ein gedankenloses Versprechen, das nicht gemeint war, wie es sich bewahrheiten sollte: Der Faschismus werde mit dem neuen »Freund« zusammen »bis ans Ende marschieren«.[25] Einstweilen kam die deutsch-italienische Solidarität einer gemeinsamen Kriegserklärung an den Status quo gleich, was durch Italiens Rückzug aus dem Völkerbund im Dezember 1937 bestätigt wurde.

Doch während sich die deutsch-italienische Annäherung ganz im Sinne Hitlers vollzog, hatte der Diktator seine England-Politik einer Neuausrichtung unterziehen müssen, da Großbritannien für ein Bündnis nach seiner Vorstellung offenbar nicht zu gewinnen war. Daher trachtete er danach, »nicht mehr mit England, wie es das ›Mein Kampf‹-Konzept plante, sondern einfach *ohne,* aber möglichst nicht *gegen* England [...] fortan sein ›Programm‹ zu verwirklichen«[26]. Dieses Umdenken Hitlers, der eine passive Gegnerschaft Großbritanniens einzukalkulieren begann und es dennoch mit einer verstärkten Drohpolitik zum Einlenken zu zwingen versuchte, traf auf die *Appeasement*-Politik Londons, die ab Mai 1937 von Neville Chamberlain gelenkt wurde. Dieser – der neue, bald 70-jährige Premierminister – setzte die auf den Erhalt der bestehenden Ordnung orientierte Beschwichtigungspolitik seiner Vorgänger fort. Weil er angesichts der innen- und außenpolitischen Zwangslagen Großbritanniens keine Alternative zu einer Doppelstrategie aus Aufrüstung und Verständigung sah, unternahm Chamberlain im Frühsommer 1937 einen neuerlichen Versuch, die Deutschen auf die Prinzipien des friedlichen Wandels festzulegen: Er lud Außenminister Neurath zu einem Besuch in London ein, bei dem die allgemeine internationale Lage zur Sprache gebracht werden sollte.

Hitler, der lediglich an kriegerischer Eroberung, nicht aber an revisionistischer Veränderung interessiert war und inzwischen auf ein neutrales Desinteresse der Briten für seine Ostexpansion spekulierte, wollte an das Zustandekommen eines (Kriegs-)Bündnisses mit England kaum mehr glauben. Als Ende Mai das vor Ibiza auf Reede liegende deutsche Panzerschiff »Deutschland« von Flugzeugen der spanischen Regierungstruppen bombardiert wurde und Mitte Juni regierungsspanische U-Boote den leichten Kreuzer »Leipzig« torpedierten, ließ Hitler den Besuch absagen und als »Vergeltungsmaßnahme« den Seehafen von Almeria beschießen. Die zunehmend bedrohlich wirkende deutsche Außenpolitik nahmen die Engländer zum Anlass, um als Ersatz für den entfallenen deutschen Ministerbesuch in London einen Aufenthalt des stellvertretendes Außenministers Viscount Halifax in Deutschland zu arrangieren, der Hitler auf dem Berghof ein weit reichendes Entgegenkommen Großbritanniens offerierte. Er erkenne an, so Halifax, dass »gewisse Änderungen in europäischer Ordnung auf die Dauer wohl nicht vermieden werden könnten. Man glaube englischerseits nicht, daß der status quo unter allen Umständen aufrecht erhalten werden müsse. Zu den Fragen, bei denen Änderungen wahrscheinlich früher oder später eintreten würden, gehörten Danzig, Österreich und Tschechoslowakei. England sei nur daran interessiert, daß solche Änderungen im Wege friedlicher Entwicklung zustande kämen.«[27] Allein, dem Diktator war an einer Fortsetzung der Gespräche über politischen Wandel nicht gelegen. Die geschichtliche Chance zur Revision wollte Hitler nicht ergreifen, weil er längst seinem Kriegskurs nachging, den er bereits zwei Wochen zuvor in aller Deutlichkeit skizziert hatte.

Die »Hoßbach-Konferenz« und das große Revirement

Unterdessen mehrten sich unter konservativen Diplomaten die Stimmen, die dem Kurs der deutschen Außenpolitik sowie ihren Mitteln und Methoden deutliche Bedenken entgegenbrachten. Ihre Kritik galt im Wesentlichen dem Tempo der Aufrüstung und der zurückliegenden Politik der Fait accomplis, vor allem aber der im »Antikominternpakt« institutionalisierten Separatpolitik Ribbentrops. Zwar vertrauten noch immer viele der alten Eliten auf eine Übereinstimmung der Interessen; anders als sie wollte Hitler jedoch nicht hinter den Ersten Weltkrieg, sondern – in einem ersten Schritt – hinter den Dreißigjährigen Krieg zurückzukehren: Mehrfach sprach er 1937 von einem nahenden »großen Weltkampf«[28], der ihm die Liquidierung des Westfälischen Friedens erlauben würde. Diese kaum zu vereinbarende Differenz, die sich angesichts Hitlers Vision weltweiter Rassenherrschaft in einen schieren Gegensatz aufspaltete, war lange Zeit durch die seit 1933 »wiedergewonnene Weltgeltung«, den Aufstieg Deutschlands zur »Weltmacht«, überdeckt worden, der man, wie Neurath befriedigt feststellte, »nicht nur nicht mehr diktiert, sondern ohne die nichts mehr im internationalen Leben geschieht«.[29]

Doch nun wurde das Reich, das für die konservativen Spitzendiplomaten der eigentliche Ausgangs- und Orientierungspunkt ihres Denkens und Handelns war, von Hitler in seiner Existenz aufs Spiel gesetzt. In einer Besprechung vom 5. November 1937, die durch die Niederschrift des Wehrmachtsadjutanten Oberst Friedrich Hoßbach überliefert ist, offenbarte der Diktator einmal mehr seine in den 1920er Jahren niedergeschriebene Weltanschauung. Den ursprünglichen Anlass für dieses Treffen, zu dem außer dem Außen- und dem Kriegsminister nur die Oberbefehlshaber des Heeres, der Luftwaffe und der Marine in die Reichskanzlei geladen waren, bildeten rüstungswirtschaftliche Streitigkeiten. Hitler aber eröffnete Neurath, Blomberg, Fritsch, Göring und Raeder in einem mehrstündigen Monolog »seine grundlegenden Gedanken über die Entwicklungsmöglichkeiten und -notwendigkeiten unserer außenpolitischen Lage«, die er »als seine testamentarische Hinterlassenschaft für den Fall seines Ablebens anzusehen« bat. Entsprechend dem bereits in *Mein Kampf* entwickelten Gedankengang könne »die deutsche Zukunft [...] ausschließlich durch die Lösung der Raumnot« mittels »Gewinnung eines größeren Lebensraumes« erreicht werden, der »zweckmäßigerweise im unmittelbaren Anschluß an das Reich in Europa und nicht in Übersee zu suchen« sei. Diese »Raumerweiterung« allerdings könne »nur durch Brechen von Widerstand und unter Risiko vor sich gehen«, so dass er den »Entschluß zur Anwendung von Gewalt unter Risiko« gefasst habe und lediglich »noch die Beantwortung der Fragen ›wann‹ und ›wie‹« bleibe. Zur Frage des Zeitpunktes »sei es sein unabänderlicher Entschluß, spätestens 1943/45 die deutsche Raumfrage zu lösen«, da von da an »nur noch eine Veränderung zu unseren

Ungunsten« erwartet werden könne und er überdies keine hohe Lebenserwartung habe.[30]

Zum objektiven, rüstungsstrategischen Motiv war das subjektive der Zeitangst getreten, das bereits wenige Tage zuvor zu vernehmen gewesen war, als er in einer Geheimrede vor Propagandaleitern erklärt hatte, er »habe nach menschlichem Ermessen nicht mehr sehr lange zu leben. In seiner Familie würden die Menschen nicht alt.« Deshalb sei es »notwendig, die Probleme, die gelöst werden müßten (Lebensraum!), möglichst bald zu lösen, damit dies noch zu seinen Lebzeiten geschehe. [...] Nur seine Person sei dazu noch in der Lage.«[31] Dieser Glaube an die eigene Unersetzbarkeit ließ den Diktator Überlegungen anstellen, den Krieg unter einer für Deutschland günstigen Konstellation bereits früher zu beginnen – dann nämlich, wenn Frankreich in eine innere Krise gerate, etwa in einen Bürgerkrieg, oder durch einen kriegerischen Konflikt im Mittelmeerraum gebunden sei. In einem solchen Fall gelte es, auch schon im Jahr 1938, »die Tschechei und gleichzeitig Österreich niederzuwerfen, um die Flankenbedrohung eines etwaigen Vorgehens nach Westen auszuschalten«. »Blitzartig schnell« solle die Tschechoslowakei zerschlagen werden, die »mit hoher Wahrscheinlichkeit England, voraussichtlich aber auch Frankreich« bereits »im Stillen abgeschrieben« hätten; einem militärischen Eingreifen der Sowjetunion, die überdies durch Japan im Osten gebunden bliebe, »müsse durch die Schnelligkeit unserer Operation begegnet werden«. Offenbar ging Hitler nunmehr davon aus, seinem Lebensraumkrieg im Osten eine Ausschaltung der Bedrohung im Westen voransetzen zu müssen. Inzwischen nämlich zählte er, nachdem er sich über den Widerstand der Westmächte nicht mehr täuschen konnte, Frankreich und auch Großbritannien zu den »Haßgegnern«, denen »ein starker deutscher Koloß inmitten Europas ein Dorn im Auge sei«.[32]

Mit offensichtlichem Vorsatz und augenfälliger Ungeduld strebte der Diktator danach, Diplomatie durch Kampf, Wandel durch Eroberung, Frieden durch Krieg zu ersetzen – und traf damit auf die Bedenken von Blomberg, Fritsch und Neurath. Diese schreckten jedoch nicht vor einem Krieg als solchem zurück, sondern vor den Gefahren einer Intervention der Westmächte und einer kriegerischen Auseinandersetzung, den die Wehrmacht nicht bewältigen könne. Diesen Widerspruch gegen seine Pläne, der von einer Kritik an seiner Person kaum zu trennen war, ließ Hitler in der bisweilen recht scharf geführten Diskussion in der Reichskanzlei nicht gelten; direkt im Anschluss zog er sich auf den Obersalzberg zurück und war bis Mitte Januar 1938 nicht erreichbar. Kurz vor Weihnachten 1937 erging von hier aus seine neue »Weisung für die einheitliche Kriegsvorbereitung der Wehrmacht«, die dieser den Auftrag erteilte, für einen Krieg gegen Frankreich zugleich ein überfallartiges Vorgehen gegen Österreich einzuplanen.

In den zurückliegenden Jahren hatten die alten Eliten in Militär und Diplomatie die als Revision missgedeutete Außen- und Rüstungspolitik Hitlers unterstützt, die ihnen als Voraussetzung für eine deutsche Großmachtpolitik erschienen war. Mit ihrer Hilfe war es dem Diktator gelungen, die gefahrvolle Phase zu durchmessen, in der das Reich aus den Vertragsbindungen gelöst und aufgerüstet wurde. Nun aber zeigten sich immer deutlicher die prinzipiellen Unterschiede zwischen traditioneller Großmachtpolitik und Hitlers ausgreifendem Expansionswillen. Die Entfesselung eines Krieges, der zur Verwicklung mit den Westmächten führen musste, lehnten die alten Eliten ab, weil sie die Existenz des Reiches nicht gefährden wollten, die Hitler hingegen aufs Spiel zu setzen bereit war.

Dabei stellten die Eröffnungen des Diktators im November 1937 lediglich einen weiteren Radikalisierungsschritt seiner Politik dar, der durch den Aufstieg Deutschlands möglich geworden war. Unverändert bildeten die Lebensraummaxime und der Vernichtungsvorsatz die Fixpunkte seines Handelns. Der Formel vom »Wendejahr 1937« zum Trotz, die ehemalige deutsche Diplomaten nach dem Zweiten Weltkrieg prägten, gab es in Hitlers Außenpolitik keine eigentliche Wende von einer Revisions- zur

Expansionspolitik. Vielmehr markierte die Besprechung vom 5. November 1937 lediglich einen von Hitler ohnehin geplanten Übergang zur nächsten Phase seines »Programms«. Von der Besprechung im Hause Hammerstein über den »Vierjahresplan« bis zur »Hoßbach-Niederschrift« existierte eine Kontinuität in der Außenpolitik des »Dritten Reiches«, die durch Hitlers Weltanschauung bedingt war.

Dass dem Widerspruch der alten Eliten kein Widerstand, sondern vielmehr die bedingungslos fortgesetzte Weiterarbeit folgte, zeigt, wie wenig ihre Eröffnungen Hitlers im politischen Alltag als Bruch wirkten. Getragen vom Pflichtbewusstsein und dem politischen Kalkül, den weiteren Kurs beeinflussen und am Wiederaufstieg des Reiches mitwirken zu können, fügten sich die konservativen Diplomaten in die Zusammenarbeit. Und doch hat die »Hoßbach-Konferenz« als eine Zäsur zu gelten: Wenngleich Hitler wohl nicht durch die Kritik an seinem Kriegskurs zu dem Entschluss gebracht wurde, sich von den konservativen Bedenkenträgern zu trennen, so erfolgte die Entlassung von Blomberg, Fritsch und Neurath drei Monate später sicherlich nicht ganz ohne Zusammenhang mit diesem Ereignis. Blomberg hatte zu Jahresbeginn eine Frau geheiratet, die in der Vergangenheit als Fotomodell für pornografische Aufnahmen tätig gewesen war. Zu dieser Eheschließung hatte ihn Göring ermuntert, der zusammen mit Hitler sogar Trauzeuge gewesen war. Kurz darauf aber intrigierte er – wohl aus Karrieregründen – mit Himmler gegen den Reichswehrminister und dessen möglichen Nachfolger Fritsch. Fritsch, der Oberbefehlshaber des Heeres, sah sich mit dem Vorwurf der Homosexualität konfrontiert, der auf einer fingierten Polizeiakte und der Aussage eines erpressten Zeugen beruhte.

Zur sogenannten »Blomberg-Fritsch-Affäre« trat eine parallel verlaufende, davon unabhängige Intrige Ribbentrops in Rom, die zum Ergebnis hatte, dass Mussolini die Ablösung Hassells als Botschafter forderte. Hitler entschloss sich daher zu einer Generallösung in seinem Sinne. Am 1. Februar 1938, so Goebbels

Tagebucheintrag, habe der Diktator den Gedanken gefasst, »ein großes Revirement stattfinden« zu lassen, »um die ganze Sache zu vernebeln«. Hitler sei entschlossen, die kompromittierten Personen auszutauschen, »selbst die Wehrmacht zu übernehmen« und an der Spitze eine ganze Reihe von Personalveränderungen vorzunehmen.[33] Anfang Februar 1938 wurden Blomberg und Fritsch »aus Gesundheitsgründen« abgelöst, wie die offizielle Begründung lautete. Neben zahlreichen Neubesetzungen militärischer Kommandostellen gab es den avisierten Wechsel an der Spitze des Außenministeriums: Ribbentrop ersetzte Neurath, der als Präsident des pro forma geschaffenen »Geheimen Kabinettsrats« »wegbefördert« wurde. Nach seiner Berufung besetzte Ribbentrop entscheidende Schlüsselstellungen im Ministerium mit Mitarbeitern seiner »Dienststelle« und gewann für das Staatssekretärsamt den Karrierediplomaten Weizsäcker, der das Auswärtige Amt des »Dritten Reiches« fortan leitete. Zudem wurden Hassell in Rom und Papen in Wien ihrer Botschafterposten enthoben – worin sich gewissermaßen bereits der nächste außenpolitische Schritt ankündigte: der Anschluss Österreichs.

7 Der Weg in den Krieg

Mit dem Anschluss Österreichs gelang Hitler 1938 ein weiterer außenpolitischer Coup. Dabei war der Krieg längst beschlossene Sache.

Der Anschluss Österreichs

Franz von Papen war es gewesen, der bereits zu Beginn des Jahres 1938 in Absprache mit Hitler einen Deutschlandbesuch Schuschniggs verabredet hatte. Am Vormittag des 12. Februar 1938 traf der österreichische Bundeskanzler in Berchtesgaden ein. Doch statt einer Unterredung erwartete ihn ein Monolog Hitlers und ein unter Androhung von Gewalt vorgelegtes Ultimatum, das als Hauptforderungen die Ernennung des Nationalsozialisten Arthur Seyß-Inquart zum Innenminister, die freie Betätigung der österreichischen NSDAP nebst einer Amnestie für alle Nationalsozialisten und die Orientierung der österreichischen Außen- und Wirtschaftspolitik an der des Reiches enthielt. Da Mussolini seine Rolle als Schutzherr Österreichs aufgegeben hatte und eine französische Hilfeleistung ohne die äußerst zweifelhafte Unterstützung Großbritanniens nicht zu erwarten war, blieb dem bedrängten Schuschnigg nur die Unterschrift unter das »Berchtesgadener Abkommen«. Hitler hatte nicht zuletzt damit gedroht, mit Truppen der Wehrmacht, der SS und der österreichischen Legion »über Nacht auf einmal in Wien« zu sein und Schuschnigg und die Österreicher »etwas erleben« zu lassen, das »viele Opfer« kosten würde. Er habe nämlich »einen geschichtlichen Auftrag«, den er auch erfüllen werde, weil er von der »Vorsehung dazu bestimmt« sei. Er sei »den schwersten Weg gegangen, den je ein Deutscher gehen mußte«, und habe »in der deutschen Geschichte das Größte geleistet, was je einem Deutschen zu leisten bestimmt war«. Nun werde er auch »die ganze sogenannte österreichische Frage lösen, und zwar so oder so!«[1]

Schuschnigg allerdings wollte sich und sein Land nicht kampflos in die Gleichschaltung ergeben, auf die das unterzeichnete Abkommen hinauslief. Wieder in Wien, entschloss er sich, die Österreicher in einer kurzfristig für den 13. März anberaumten Volksabstimmung den Willen zur Unabhängigkeit ihres Landes bekräftigen zu lassen. Ein solches Ergebnis konnte in den westlichen Demokratien nicht ohne Wirkung bleiben, da es sich immerhin auf das Selbstbestimmungsrecht der Völker berief. Doch Schuschnigg hatte die ebenso verzweifelte wie ungeschickte Entscheidung getroffen, das Wahlalter heraufzusetzen, wodurch die anschlussbegeisterte Jugend von der Abstimmung ausgeschlossen werden sollte. Diese manipulative Maßnahme bot Hitler den Vorwand, die Absage des plebiszitären Selbstrettungsversuches zu fordern. Keppler wurde nach Wien geschickt und überbrachte Schuschnigg die Androhung einer militärischen Intervention. Gleichzeitig erging an die Wehrmacht die Weisung für das »Unternehmen Otto«, deren Deckname auf den habsburgischen Thronerben anspielte und die den Einmarsch in das Alpenland regelte. Ribbentrop, der zur Einreichung seines Abberufungsschreibens nach London zurückgekehrt war, sollte die englische Passivität bestätigen; gleichzeitig wurde ein Emissär mit einem Handschreiben Hitlers zu Mussolini gesandt, in dem von einer drohenden Bürgerkriegsgefahr im Alpenstaat, der Unterdrückung der national gesinnten Mehrheit und der Notwendigkeit zur Wiederherstellung von Gesetz und Ordnung die Rede war. Mit der Rückmeldung, dass der »Duce« die »ganze Sache sehr freundlich aufgenommen« habe, schlug bei Hitler die Anspannung in Erleichterung um: »Dann sagen Sie Mussolini bitte, ich werde ihm das nie vergessen. [...] Wenn er jemals in irgendeiner Not oder irgendeiner Gefahr sein sollte, dann kann er überzeugt sein, daß ich auf Biegen vor ihm stehe, da kann sein, was da will, wenn sich auch die Welt gegen ihn erheben würde.«[2]

Nach der erneuten Ankündigung des Einmarschs deutscher Truppen trat Schuschnigg am 11. März zurück; doch bedurfte es nochmals der Androhung von Gewalt, bevor Bundespräsident Wilhelm Miklas der Forderung Görings entsprach und den im Vormonat zum Innenminister ernannten Nationalsozialisten Seyß-Inquart zum Reichskanzler berief. In der unübersichtlichen Situation, in der Kolonnen österreichischer Nationalsozialisten durch die Straßen marschierten, hatte Göring nämlich per Telefon dem nach Wien beorderten Keppler ein Telegramm diktiert, mit dem die provisorische Regierung zur Wiederherstellung von Ruhe und Ordnung die Entsendung deutscher Truppen erbat. Dies lieferte, obzwar von Seyß-Inquart nicht autorisiert, den Vorwand zum Einmarsch von Wehrmachtseinheiten, mit denen Hitler am Nachmittag des 12. März an der Spitze einer Autokolonne die deutsch-österreichische Grenze in der Nähe seiner Geburtsstadt Braunau überschritt. Durch ein Spalier Tausender Menschen und an blumengeschmückten Dörfern vorbei fuhr er weiter nach Linz, wo ihm der Jubel eines Volkes im Vereinigungstaumel entgegenbrandete. Erst hier, unter dem überwältigen Eindruck seines triumphalen sogenannten »Blumenfeldzugs«, traf er die Entscheidung zum Anschluss seines Heimatlandes und unterzeichnete am späten Abend des 13. März das »Gesetz über die Wiedervereinigung Österreichs mit dem Deutschen Reich«. Am nächsten Morgen verließ er Linz in Richtung Wien, wo er am Vormittag des 15. März auf dem von Hundertausenden

Menschen bevölkerten Heldenplatz die »größte Vollzugsmeldung« seines Lebens abgab: »Als Führer und Kanzler der deutschen Nation und des Reichs melde ich vor der Geschichte nunmehr den Eintritt meiner Heimat in das Deutsche Reich!«[3]

Für Hitlers charismatische Herrschaft war die mit dem Anschluss Österreichs erfüllte großdeutsche Sehnsucht von kaum zu überschätzendem Wert. In dem am 10. April 1938 durchgeführten Plebiszit, von dem die österreichischen Juden ebenso ausgeschlossen waren wie die politisch Verfolgten, stimmten beiderseits der ehemaligen deutsch-österreichischen Grenze über 99 Prozent für den vollzogenen Anschluss und die damit verknüpfte Frage nach der Billigung der Politik Hitlers: Obwohl es sich um das manipulierte Abstimmungsergebnis einer Diktatur handelte, so hatte sich doch schon zuvor in den Szenen der Begeisterung der verbreitete Wunsch nach nationaler Einheit und Größe gezeigt. Hitler befand sich auf dem vorläufigen Höhepunkt seiner Popularität und erhielt nun auch den Beifall von Milieus, die seinem Regime bislang ferngestanden hatten. Sozialdemokraten, die sich in der großdeutschen Tradition der Paulskirchenparlamentarier sehen mochten, ließen sich ebenso von der Vereinigungseuphorie anstecken wie Katholiken, die den Anschluss im Sinne des Reichsmythos interpretierten.

Hitler selbst tat alles, um das »Großdeutsche Reich« als Erfüllung der Geschichte erscheinen zu lassen und es in die Tradition des Alten Reiches einzureihen: Er ließ die Reichsinsignien, die sich von 1424 bis 1796 in Nürnberg befunden hatten und seitdem in Wien aufbewahrt wurden, wieder nach Franken überführen. Doch im Grunde war es nicht sein Plan, die Geschichte fortzusetzen, sondern sie zu überwinden, und dafür zählten vor allem die unmittelbar erzielten wehrpolitisch-strategischen Gewinne: Die österreichischen Gold- und Devisenbestände vermochten ebenso wie die Rohstoffe des Alpenlandes jene Engpässe abzumildern, die durch den »Vierjahresplan« entstanden waren; die gewonnenen Industrie- und Arbeiterkapazitäten erlaubten eine Fortsetzung der Kriegsvorbereitung, die

Eingliederung der österreichischen Armee in die Wehrmacht die Stärkung der Wehrkraft. Zugleich war der Anschluss Österreichs von strategischem Vorteil, weil der tief gestaffelte Verteidigungsgürtel der Tschechoslowakei am stärksten an der Grenze zu Deutschland ausgebaut worden war. »Während bisher der tschechoslowakische Raum in der bedrohlichsten Form nach Deutschland hineinragte«, war »nunmehr die Tschechoslowakei ihrerseits in die Zange genommen«, so das rückblickende Urteil des Chefs des Wehrmachtführungsstabes Alfred Jodl. Damit war die strategische Lage der zu drei Vierteln umschlossenen Republik »so ungünstig geworden, daß sie einem energischen Angriff zum Opfer fallen mußte, bevor wirksame Hilfe vom Westen her zu erwarten war«.[4] Nachdem die an der Existenz der bestehenden Staatenwelt interessierten Mächte das Ende Österreichs so widerstandslos hingenommen hatten, ging Hitler bald ein weiteres Mal daran, die erkannte Schwäche der Gegner in einem Überraschungsschlag auszunutzen.

Sudetenkrise, »Münchener Konferenz« und die Besetzung der »Resttschechei«

Bereits zwei Wochen nach dem Anschluss Österreichs, am 28. März 1938, traf Hitler auf dem Berghof den Führer der Sudetendeutschen Partei (SDP), Konrad Henlein, dem er seinen Entschluss eröffnete, die tschechoslowakische Frage in »nicht allzu langer Zeit zu lösen«[5]. Die im Oktober 1918 ausgerufene Tschechoslowakei war ein Nationalitäten-, kein Nationalstaat. Als Vielvölkerstaat nach den bündnispolitischen und strategischen Interessen Frankreichs und gegen die Idee des Selbstbestimmungsrechts der Völker errichtet, stellten die Tschechen unter den etwa 13 Millionen Einwohnern mit 43 Prozent nur die relative Mehrheit der Bevölkerung, die einer aus verschiedenen Minderheiten gebildeten Majorität gegenüberstand: So lebten auf dem Staatsgebiet neben Slowaken, Ungarn und Polen auch Deutsche, die im Grenzgebiet zum Reich beheimatet waren und mit einem Anteil von 28 Prozent die größte Minderheitengruppe bildeten. Seit der Gründung der Republik hatten sich diese dreieinhalb Millionen Sudetendeutschen immer mehr in ihren Rechten beschnitten und von der Prager Regierung unterdrückt gesehen. Daher richteten sie unter dem Eindruck der nationalen Begeisterung im nationalsozialistischen Deutschland ihre Erwartungen und Sehnsüchte nach Verbesserungen auf jenen Mann, dessen Parole »Heim ins Reich« erst die Saarbevölkerung und nun die Österreicher gefolgt waren.

Hitler wiederum wollte die Lage der Sudetendeutschen für seine Absichten instrumentalisieren: Sie sollten den tschechoslowakischen Staat von innen demontieren und zugleich den Vorwand für eine Intervention von außen liefern. Um die Spannungen innerhalb des Nachbarlandes zu erhöhen, wies er Henlein bei ihrem Zusammentreffen an, gegenüber Prag Ansprüche anzumelden, die »für die tschechische Regierung unannehmbar sind«. Genau dieser Vorgabe Hitlers, »immer so viel [zu] fordern, daß wir nicht zufrieden gestellt werden können«, entsprach das von der SDP aufgestellte »Karlsbader Programm« vom April 1938. Darin wurden die Forderungen erhoben, die an Frankreich ausgerichtete Bündnispolitik aufzugeben und die uneingeschränkte Autonomie und Wiedergutmachung für die seit 1918 erlittenen wirtschaftlichen Schäden sowie das erduldete Unrecht zu gewährleisten. Ferner verlangte die SDP nach voller »Freiheit des Bekenntnisses zum deutschen Volkstum und zur deutschen Weltanschauung«.[6]

Im Frühsommer 1938, am Wochenende des 20./22. Mai, spitzte sich die Krise bedrohlich zu. Der tschechoslowakische Präsident Edvard Beneš, den London zu weiterem Entgegenkommen gegenüber den Sudetendeutschen aufgefordert hatte, trat die Flucht nach vorn an und mobilisierte – gewarnt von nach Prag durchgesickerten Gerüchten über deutsche Angriffsplanungen – die Streitkräfte. Die dadurch ausgelöste Kettenreaktion brachte Europa an den Rand eines Krieges: Die alarmierten Regierungen in London und Paris billigten umgehend den Prager

Schritt und erneuerten, an Hitlers Adresse gewandt, ihre Beistandsverpflichtungen gegenüber der Tschechoslowakei. In dieser kritischen Lage, in der ein Eingreifen der Westmächte in den deutsch-tschechischen Konflikt befürchtet werden musste, ließ Hitler alle militärischen Invasionsvorbereitungen einstweilen aussetzen, ohne dass er damit seinen Willen zur Zerschlagung der Tschechoslowakei aufgab. Vielmehr eröffnete er am 28. Mai den militärischen und außenpolitischen Führungsspitzen des Reiches, »daß die Vorbereitungen zu einer späteren Lösung der Tschechei-Frage unter größtem Nachdruck zu fördern seien«[7]. Zu diesem Zweck erging eine Änderung der Weisung für den »Fall Grün«. Es sei nunmehr sein »unabänderlicher Entschluß, die Tschechoslowakei in absehbarer Zeit durch eine militärische Aktion zu zerschlagen«, hieß es in der Neufassung, mit der er erstmals auch den Angriffstermin konkretisierte: Spätestens am 1. Oktober 1938 müsse die Wehrmacht bereit sein, »Böhmen und Mähren rasch in Besitz zu nehmen« und binnen dreier Tage »in das Herz der Tschechoslowakei vorzustoßen«, um »interventionslüsterne gegnerische Staaten« abzuschrecken oder ihrem Eingreifen zuvorzukommen.[8]

In London allerdings hatte sich bereits die Einsicht durchgesetzt, dass Beneš die Mobilmachung in der irrtümlichen Erwartung eines unmittelbar bevorstehenden deutschen Angriffs befohlen und damit fast den Bündnisfall ausgelöst hatte. Erleichtert, dass den Briten ein blutiger Waffengang erspart geblieben war, sprach Chamberlain davon, »wie schrecklich, phantastisch, unglaublich« es sei, »daß wir hier Schützengräben ausheben und Gasmasken aufsetzen sollen, weil sich in einem fernen Land ein Streit zwischen Menschen abspielt, von denen wir nichts wissen«.[9] Deshalb, so meldete der deutsche Botschafter aus London, bringe das englische Kabinett den deutschen »Forderungen in der Sudetendeutschen Frage wachsendes Verständnis entgegen. Es würde bereit sein, große Opfer zur Befriedung der anderen berechtigten deutschen Forderungen zu bringen, unter der *einen* Voraussetzung, daß diese Ziele mit friedlichen Mitteln angestrebt werden. Würde Deutschland zur Erreichung dieser Ziele militärische Mittel einsetzen, so würde England ohne jeden Zweifel an der Seite Frankreichs zum Kriege schreiten.«[10]

Angesichts dieser Haltung war man in London kaum empfänglich für die nach England gesandten deutschen Emissäre, die Großbritannien zur Entschlossenheit gegenüber Hitler mahnten. Tatsächlich hatte sich in Berlin eine Art informelle Gruppe herausgebildet, die sich aus konservativen alten Eliten von Militär und Diplomatie zusammensetzte – unter ihnen auch Weizsäcker und der Generalstabschef Ludwig Beck. Bestanden innerhalb dieser nationalkonservativen Opposition durchaus Differenzen hinsichtlich der Zielsetzung und Tragweite der Pläne – die einen wollten den Diktator durch ein Attentat töten, während die anderen glaubten, ihn vermittels einer unmissverständlichen englischen Kriegsdrohung von seinem Entschluss zur Gewaltanwendung gegenüber der Tschechoslowakei abhalten zu können –, so bildete die Sorge um die Zukunft des Vaterlandes ihren gemeinsamen Nenner. Auch wenn sie einen Krieg als die Ultima Ratio der Politik allesamt nicht ausschlossen, galt es für sie doch, einen großen Krieg abzuwenden, der nicht siegreich zu bestehen war und der nach Weizsäckers Einschätzung »nicht nur das Ende des III. Reiches« bringen, sondern vielmehr »Finis Germaniae« bedeuten würde.[11] »Bringen Sie mir den sicheren Beweis, daß England kämpfen wird, wenn die Tschechoslowakei angegriffen wird, und ich will diesem Regime ein Ende machen«[12], gab Beck einem Emissär beschwörend mit auf den Weg nach London. Indem aber die Entschlossenheit zum Handeln von der Haltung der Briten abhängig gemacht wurde, handelte es sich bei diesem nationalkonservativen »Widerstand« des Jahres 1938 um nicht mehr – aber auch nicht weniger – als das unter einem Minimum an Risiko versuchte Maximum an Opposition gegen den drohenden großen Krieg.

Die Briten liehen den nach London geschickten Gesandten zwar ihr Gehör, gewährten ihnen aber nicht ihre Unterstützung: Bei Hitler, der doch immer wieder seine antibolschewistische Frontstellung betont und England als Partner umworben hatte, vermuteten sie eine höhere Verständigungsbereitschaft als bei den vermeintlich radikalen Elementen innerhalb der Führung, zu denen sie Ribbentrop und Himmler zählten. Ferner erschienen ihnen die Männer, die sich als Vertreter einer konservativen Opposition gegen Hitler anpriesen, als Repräsentanten eines Preußentums, das gleichermaßen für wilhelminische Flottenrüstung und Zusammenarbeit mit der Roten Armee stand. Anscheinend vor die Alternative »Hitler oder Preußen«[13] gestellt, wollten die Briten ihre Hilfe einer aus Junkern und Militaristen formierten Opposition nicht zukommen lassen, die ihnen als das kaum geringere Übel erschien. Großbritannien blieb daher dem traditionellen *Appeasement*-Kurs treu und versuchte, den Frieden auf dem Wege der Verständigung mit Hitler zu sichern, der den Konflikt jedoch unterdessen zur Eskalation trieb.

Ganz bewusst jedenfalls war Hitlers in aller Welt mit Spannung erwartete Schlussrede auf dem Nürnberger Reichsparteitag darauf angelegt, die Lage zu verschärfen. In geschickt zugespitzten Wendungen und herausforderndem Ton wetterte der Kanzler gegen die Tschechoslowakei als »kurzsichtige Konstruktion«, attackierte die »unhaltbaren Zustände« der Sudetendeutschen, die »um ihr Selbstbestimmungsrecht beraubt« worden seien, stellte die gewaltigen militärischen Anstrengungen Deutschlands heraus und hetzte gegen die »verbrecherischen Ziele« der Prager Regierung, die mit ihrem Mobilmachungsbefehl »in ihrer Skrupellosigkeit dann auch davor nicht zurückschreckte, einen großen Staat zu verdächtigen, ganz Europa zu alarmieren und notfalls in einen blutigen Krieg zu stürzen«. »Unter keinen Umständen« sei er gewillt, »einer weiteren Unterdrückung der deutschen Volksgenossen in der Tschecho-Slowakei in endloser Ruhe zuzusehen«.[14] Inzwischen hatte aber die von London bedrängte Regierung in Prag ihre Bereitschaft zur Verständigung entsprechend des »Karlsbader Programms« signalisiert, so dass die provozierende Taktik der SDP nahezu gescheitert war. In dieser Situation nahm Henlein einen wohl selbst inszenierten

Zusammenstoß zwischen Sudetendeutschen und tschechischer Polizei zum Anlass, um die Verhandlungen abzubrechen. Im Gegenzug verhängte die Prager Regierung das Standrecht über das Sudetengebiet, nachdem aus einer Demonstration der SDP heraus blutige Übergriffe mit Todesopfern unter Deutschen und Tschechen stattgefunden hatten. Auf die Unruhen im Sudetengebiet folgten militärische Vorbereitungen im Reich. Europa stand nach dem rückblickenden Urteil des französischen Botschafters in Berlin »am Vorabend des Krieges«[15].

In dieser Krisensituation entschloss sich Chamberlain zu dem überraschenden Schritt, Hitler persönlich zu treffen. Die dreistündige Unterredung, die am 15. September auf dem Obersalzberg stattfand, endete mit der englischen Anerkennung des Grundsatzes vom Selbstbestimmungsrecht der Völker, womit Chamberlain seine Zustimmung zur Abtretung aller tschechischen Gebiete mit einem mehrheitlich deutschen Bevölkerungsanteil an Deutschland erklärte. Im Gefühl der Verachtung für Hitler, den er hernach als »den ordinärsten kleinen Hund«[16] bezeichnete, hoffte er vor seinem Rückflug nach London dennoch auf einen geretteten Frieden. Als Chamberlain eine Woche später, am 22. September, im rheinischen Bad Godesberg erneut mit Hitler zusammentraf, offerierte der Premier als Resultat der diplomatischen Gespräche, die in den Vortagen geführt worden waren, nicht weniger als die Bereitschaft der Prager Regierung zur Abtretung der von Sudetendeutschen bewohnten Gebiete. Dafür hatte die britische Regierung mit französischer Rückendeckung die Tschechen unter massiven Druck gesetzt und sogar mit der Nichtintervention im Falle eines deutsch-tschechischen Krieges gedroht, was auf die Preisgabe der Tschechoslowakei hinauslief und Prag schließlich hatte einlenken lassen. Doch Hitler wollte sich mit dem überbrachten Vermittlungsangebot nicht mehr zufrieden geben und verlangte unter durchsichtigen Vorwänden eine sofortige militärische Besetzung der Sudetengebiete. Sichtlich missgestimmt und mit Zweifeln an Hitlers Glaubwürdigkeit brach Chamberlain die Unterredungen am

24. September ab. Der deutsche Diktator befristete ein Ultimatum zur Erfüllung seiner Forderungen auf den 28. September, 14 Uhr. Die Tschechoslowakei, Frankreich und Großbritannien mobilisierten daraufhin ihre Truppen.

Hitler reagierte zwei Tage später mit einer hasserfüllten Rede. Noch einmal nach dem alten Muster verfahrend, unheilvolle Drohungen mit lockenden Versprechungen zu verknüpfen, rief er der von Goebbels aufgepeitschten Masse zu: »Und nun steht vor uns das letzte Problem, das gelöst werden muß und gelöst werden wird!« Es sei »die letzte territoriale Forderung«, die er »in Europa zu stellen habe«, aber es sei eine Forderung, von der er nicht abgehen werde.[17] Wie zum Beleg seiner Kriegsentschlossenheit befahl Hitler die Bereitstellung einer ersten Angriffswelle sowie die Mobilmachung von 19 Divisionen und ließ motorisierte Militäreinheiten durch das Regierungsviertel fahren. Doch sein Vorhaben, das Aggressionsfieber zu steigern, geriet zum Debakel, als er von einem Fenster der Reichskanzlei das demonstrative Desinteresse und bedrückte Schweigen der Berliner beobachtete, die im Grunde einer stummen Kundgebung gegen den Krieg gleichkamen.

Zwei Tage später, in den Vormittagsstunden des 28. September, entfaltete sich in der Reichskanzlei eine hektische Betriebsamkeit, da um 14 Uhr das von Hitler gestellte Ultimatum ablief. Die Botschafter Großbritanniens, Frankreichs und Italiens kamen mit Aufträgen ihrer Regierungen, ebenso hatten sich Ribbentrop, Göring und Neurath eingefunden. Göring plädierte im Hinblick auf die Tschechoslowakei für Weizsäckers »chemischen Auflösungsprozeß«, um einen »mit unserer Erschöpfung und Niederlage« endenden europäischen Krieg abzuwenden.[18] Im Zusammenspiel mit Neurath erreichte er kurz vor Ablauf der Frist die Einwilligung des Diktators in eine Viermächtekonferenz, die an den beiden Folgetagen in München stattfand und an deren Ende, in der Nacht vom 29. auf den 30. September, die vier Regierungschefs, Édouard Daladier, Chamberlain, Mussolini und Hitler, ihre Unterschriften unter das sogenannte »Münchener Abkommen« setzten. Von Italien als Vermittlungsvorschlag eingebracht, ging das Abkommen auf eine Ausarbeitung von Göring, Weizsäcker und Neurath zurück, die an dem zum Krieg ratenden Ribbentrop vorbei nach Rom geleitet worden war. Es sah einen stufenweisen Einmarsch der Wehrmacht in das Sudetenland zwischen dem 1. und 10. Oktober vor und enthielt für das restliche Staatsgebiet der Tschechoslowakei eine englische und französische Bestandsgarantie, der sich Deutschland und Italien nach einer Regelung der polnischen und ungarischen Minderheitenfrage anschließen wollten.

Chamberlain glaubte, durch Nachgiebigkeit den Frieden gerettet zu haben. Bei einem abschließenden Zusammentreffen mit Hitler in dessen Privatwohnung begegnete er einem sichtlich missgelaunten Diktator, der das erzielte Ergebnis insgeheim als Niederlage wertete. Nur zögerlich unterzeichnete Hitler das von Chamberlain vorgelegte Konsultationsangebot, das den Wunsch beider Völker bekräftigte, »niemals wieder gegeneinander Krieg zu führen«[19].

Anders als bei seinem »Führer« löste die überstandene Krise beim deutschen Volk große Erleichterung aus. Von Goebbels Propagandamaschinerie auf ein unausweichliches Eingreifen zugunsten der Sudetendeutschen eingestimmt, galt den Deutschen die unblutige Verhandlungslösung als neuerlicher Triumph Hitlers. Dem Diktator aber war Macht nur das Mittel zu dem einen Zweck: seinen lange geplanten rassenideologischen Lebensraum- und Vernichtungskrieg entfesseln zu können. Nicht großdeutsche Wünsche zu erfüllen, war Hitlers Ziel, sondern die bestehende Staatenordnung zu überwinden; nicht auf dem Verhandlungswege wollte er zugesprochen bekommen, was er im Kampf zu erobern und zu vernichten gedachte. Im Grunde empfand er seinen diplomatischen Sieg von München als doppelte Niederlage für seine Planungen. Einerseits hatte die unverkennbare Kriegsmüdigkeit der Deutschen seinen Unmut erregt: »Mit diesem Volk kann ich noch keinen Krieg führen.«[20] Andererseits sah er durch die Nachgiebigkeit der Briten seinen Zeitplan durchkreuzt. Auch wenn Hitler sich ohnehin nicht dauerhaft an das in München Beschlossene zu halten gedachte, so hätte er bereits zu diesem Zeitpunkt »lieber seinen Krieg gehabt«[21]. »Schon 1938 mußten wir losschlagen«, beklagte er noch im Februar 1945 die verpasste Gelegenheit: »Damals war die letzte Gelegenheit, den Krieg abzugrenzen. Aber sie akzeptierten alles; wie Schwächlinge gaben sie allen meinen Forderungen nach. Unter solchen Voraussetzungen war es tatsächlich schwierig, einen Krieg vom Zaune zu brechen. Wir haben in München eine einmalige Gelegenheit verpaßt, den unvermeidlichen Krieg leicht und rasch zu gewinnen.«[22]

Dennoch hatte Hitler mit dem »Münchener Abkommen« einer militärisch überlegenen Mächtekonstellation ein Gebiet abgerungen, das seine strategische Position enorm verbesserte. Nunmehr war das starke tschechische Grenzbefestigungssystem widerstandslos eingenommen und ein Mehrfrontenkrieg verhindert worden. Anfang Oktober musste der bedrängte tschechoslowakische Reststaat das Teschener Gebiet an das expansionsgierige Polen abtreten und Anfang November, nach einem Schiedsspruch der beiden Achsenmächte, das südliche Grenzgebiet der Slowakei und der Karpatho-Ukraine an Ungarn. Ferner kündigte Prag das Bündnis mit der Sowjetunion, eine Tatsache, die zeigte, wie sehr die tschechische Regierung, die man zur »Münchener Konferenz« nicht hinzugezogen hatte, inzwischen unter deutschem Einfluss stand. Moskau, das in der Sudentenkrise ausgekreist worden war, betrachtete mit großem Argwohn die in München erzielte Einigung der kapitalistischen Staaten, hinter der es die Gefahr einer antibolschewistischen Einheitsfront ahnte. Um diese zu verhindern, bereitete Stalin eine Neuorientierung seiner Außenpolitik hin zu Deutschland vor, die Hitler aus der Münchener Gemeinschaft herauslösen und in den Konflikt mit dem Westen umlenken sollte.

Fatal war auch das Signal, das von München in Richtung Südosteuropa ausging: Sich von den Westmächten abwendend, die mit dem Abkommen an Prestige und Glaubwürdigkeit eingebüßt hatten, suchten die nunmehr von der deutschen Hegemonialstellung bedrängten Balkanstaaten das Arrangement mit dem Reich. Gerade Frankreich hatte in der Sudetenkrise den notwendigen Willen vermissen lassen, die bestehende Ordnung tatkräftig zu schützen. Den Frieden im Abkommen von München vermeintlich gewahrt zu haben, konnte nicht darüber hinwegtäuschen, dass Paris ein Instrument zur Garantierung des Friedens, sein »Zangenbündnis« mit der Tschechoslowakei, eingebüßt hatte. Chamberlains optimistische Prognose eines »Friedens in unserer Zeit«[23], wie er nach seiner Rückkehr nach London verkündete, erwies sich bald als eine wirklichkeitsfremde Fehleinschätzung. Denn Hitler selbst empfand es so, als habe er »zurückweichen müssen und sein Ziel nicht erreicht. Er müsse noch zu seinen Lebzeiten Krieg führen, niemals würde wieder ein Deutscher ein so uneingeschränktes Vertrauen haben, nur er sei zum Kriege fähig.« Um der »Herrschaft in Europa« sowie der »Weltherrschaft für Jahrhunderte« willen müsse der Krieg »bald geführt werden wegen der Aufrüstung der anderen« erklärte er im kleinen Kreis.[24] In der Tat beschleunigte Hitler nun die Entwicklung. Nur drei Wochen nach der Unterzeichnung des »Münchener Abkommens« erging seine Weisung zur militärischen »Erledigung der Resttschechei« sowie zur »Inbesitznahme des Memellandes«, das 1923 von Litauen annektiert worden war. Es müsse »möglich sein, die Rest-Tschechei jederzeit zerschlagen zu können«. Kurz darauf legte er fest, dass die Militäraktion gegen Prag nicht wie eine »kriegerische Unternehmung« erscheinen dürfe, sondern nach einer »Befriedigungsaktion« aussehen müsse. Dazu habe die Wehrmacht Vorbereitungen zu treffen, die sie in die Lage versetzten, auf eine vorangehende Mobilmachung zu verzichten und die »Resttschechei aus dem Stand« zu überrumpeln.[25] Ende November 1938 ergänzte Hitler seine Instruktionen um den Befehl, die Besetzung der unter Völkerbundmandat stehenden Freien Stadt Danzig vorzubereiten; Ende Januar 1939 befahl er den Bau einer großen Überwasserflotte, die er gegenüber Großbritannien als Abschreckungs- und Erpressungsinstrument zu handhaben gedachte. Ebenfalls um Druck auf die Briten auszuüben, erteilte Hitler im März 1939 die Weisung, die erforderlichen Arbeiten für eine »Wiedererlangung von Kolonien« auf dem afrikanischen Kontinent voranzutreiben. Die antibritische Frontstellung; der maritime Ausbau, der an die Idee einer »Risikoflotte« denken ließ; die Vorbereitung des Kolonialerwerbs: All das erinnerte an das wilhelminische Deutschland und hob sich davon doch fundamental ab. Die inzwischen beabsichtigte kriegerische Auseinandersetzung mit Großbritannien, die seinem ursprünglichen Bündnisplan widersprach, begründete sich für Hitler in der fast zur Gewissheit gewordenen Einsicht, dass London seinen Eroberungsplänen militärischen Widerstand entgegenzusetzen bereit war. Aus diesem Grund sollte seinem eigentlichen Ziel, der kontinentalen Expansionen im Osten, die Ausschaltung Großbritanniens vorangehen: am besten durch einen erzwungenen Frontenwechsel, der das Inselreich an Deutschlands Seite führte.

Wie wenig er seine »historische Vision« aus den Augen verloren hatte und wie sehr das lange Zeit vom Revisionselement überdeckte, in seiner Bedeutung kaum zureichend erkannte Rassendogma das Bewegungsgesetz seiner Politik bildete, machte Hitlers Rede vor Truppenkommandeuren Anfang Februar 1939 deutlich. Die Expansion des vorangegangenen Jahres galt ihm nur als Zwischenstation auf dem Weg zu einem Ziel, das in der unheimlichen Idee biologischer Rassenherrschaft lag. Man dürfe nicht annehmen, so Hitler, dass der Nationalsozialismus nach sechs Jahren an der Macht am Ende seines Weges angekommen sei, sondern er stünde »jetzt erst am Beginn«, die »deutsche Zukunft« zu gestalten. Dazu gehöre, »so zu handeln, als ob tatsächlich durch unser Handeln jetzt die ganze deutsche Zukunft ausschließlich gestaltet würde«. Es gehe darum, »die Interessen unseres Volkes zu vertreten, als ob das Schicksal unserer Rasse in kommenden Jahrhunderten ausschließlich heute in unsere Hand gelegt wäre«. Der dafür zu führende »nächste Kampf« werde »ein reiner Weltanschauungskrieg, d.h. bewußt ein Volks- und ein Rassenkrieg sein«.[26] Dass Hitler zur Sicherung der Zukunft des Volkes ein »großgermanisches Reich schaffen« werde, »das größte Reich, das von dieser Menschheit errichtet wurde und das die Erde je gesehen hat«, war SS-Führern bereits am 8. November 1938 vom »Reichsführer SS« Himmler eröffnet worden. Für die Zukunft gebe es, so der Vorkämpfer von Hitlers Rassegedanken, allein das »großgermanische Imperium oder das Nichts«.[27] Die rassenideologische Vernichtungsabsicht des Regimes, die um die Jahreswende 1938/39 zunehmend hervortrat, deutete sich bereits am Tag nach Himmlers Rede unter schrecklichen Vorzeichen an: Am 7. November 1938 hatte Herschel Grynszpan, Sohn einer aus Deutschland deportierten jüdischen Familie, auf den Legationssekretär an der deutschen Botschaft in Paris Ernst vom Rath ein Pistolenattentat verübt. Als Rath zwei Tage später seinen Verletzungen erlag, nutzte das Regime den Tod als Vorwand, um im gesamten Reich in einer organisierten und gelenkten Pogromwelle jüdisches Eigentum und jüdische Einrichtungen zerstören sowie Juden inhaftieren und ermorden zu lassen. Diese Gräueltaten markierten den Übergang von der Diskriminierung und Ausgrenzung der Juden zu ihrer systematischen Verfolgung. Dahinter ließ sich bereits jener Zusammenhang von Kriegspolitik und Rassendogma in Hitlers Denken erkennen, in dem der als Lebensraumkrieg geführte Eroberungs- und Vernichtungsfeldzug im Osten untrennbar mit der Vernichtung der Juden verbunden war. So verkündete Göring am 11. November, zwei Tage nach dem Pogrom, dass nach dem Willen Hitlers »die Judenfrage jetzt einheitlich zusammengefaßt werden soll und so oder so zur Erledigung zu bringen ist«. »Wenn das Deutsche Reich in irgendeiner absehbaren Zeit in außenpolitischen Konflikt kommt, so ist es selbstverständlich, daß wir auch in Deutschland in aller erster Linie daran denken werden, eine große Abrechnung an den Juden zu vollziehen!«[28]

Um seinen totalitären Vernichtungswillen in die Tat umzusetzen, brauchte Hitler den kriegerischen Ausnahmezustand, den er für den Normalzustand hielt und in dem er die überlieferten moralischen Grenzen aufzulösen, ja zu sprengen gedachte. Sein Weltanschauungs- und Rassenkrieg sollte etwas fundamental anderes als der »europäische Normalkrieg«[29] sein und mit dem Vollzug der »Prophezeiung« enden, die Hitler am 30. Januar 1939 in bestürzender Klarheit vor dem Reichstag aussprach: »Wenn es dem internationalen Finanzjudentum in und außerhalb Europas gelingen sollte, die Völker noch einmal in einen Weltkrieg zu stürzen, dann wird das Ergebnis nicht die Bolschewisierung der Erde und damit der Sieg des Judentums sein, sondern die Vernichtung der jüdischen Rasse in Europa.« Auf diesen Krieg steuerte Hitler nunmehr mit gesteigerter Unrast zu. Kurz nachdem er die Weisung für die »Erledigung der Resttschechei« gegeben hatte, enthüllte er in einer Geheimrede vor führenden deutschen Verlegern und Redakteuren, dass nach seiner Ansicht die zukünftige Aufgabe der Propaganda in der psychologischen Vorbereitung des Volkes auf den Krieg bestehen müsse. Nur durch seine Friedenspropaganda sei es möglich gewesen, »dem deutschen Volk Stück für Stück die Freiheit zu erringen und ihm die Rüstung zu geben, die immer wieder für den nächsten Schritt als Voraussetzung notwendig war«. Eine »solche jahrzehntelang betriebene Friedenspropaganda« habe allerdings dazu geführt, »daß sich in den Gehirnen vieler Menschen die Auffassung festsetzt, daß das heutige Regime an sich identisch sei mit dem Entschluß und dem Willen, den Frieden unter allen Umständen zu wahren«. Mit dieser »falschen Beurteilung der Zielsetzung dieses Systems« müsse nunmehr Schluss sein; es sei fortan notwendig, »das deutsche Volk psychologisch allmählich umzustellen und ihm langsam klarzumachen, daß es Dinge gibt, die, wenn sie nicht mit friedlichen Mitteln durchgesetzt werden können, mit Mitteln der Gewalt durchgesetzt werden müssen«.[30]

Als erstes Etappenziel galt Hitler die Zerschlagung der verbliebenen »Resttschechei«. Den Vorwand dazu sollten – ähnlich wie vor Jahresfrist das Sudentenproblem – die Spannungen zwischen Tschechen und Slowaken liefern. Seit dem »Münchener

Abkommen« trieb der Streit zwischen Prag und Preßburg einer Krise entgegen, in der Hitler die slowakischen Separatisten gegenüber den Autonomisten stärkte und deren Eskalation er als Scheingrund für eine vermeintliche Befriedigungsaktion nutzen wollte. Als Emil Hácha, der dem ins Exil geflüchteten Beneš im Präsidentenamt nachgefolgt war, in der Nacht vom 9. auf den 10. März 1939 die Absetzung der vom Ministerpräsidenten Jozef Tiso geführten slowakischen Regierung verfügte und Truppen in die Slowakei entsandte, sah Hitler die Gelegenheit zum Eingreifen gekommen. Am 13. März drängte er den nach Berlin bestellten Tiso mit Drohungen dazu, im Parlament in Preßburg am nächsten Tag die von Ribbentrop übergebene Unabhängigkeitserklärung verlesen zu lassen: Die Besetzung des tschechischen Landesteils durch deutsche Truppen stünde unmittelbar bevor, eröffnete Hitler seinem Staatsgast und warnte vor einer Annexion der Slowakei durch Ungarn, sollte sich Preßburg nicht von Prag lossagen.

Am Abend des Folgetags, an dem die Slowakei ihre Unabhängigkeit erklärte, traf Hácha in der Reichshauptstadt ein, wo er einer Taktik psychischen Terrors ausgesetzt wurde, die Hitler später hämisch als »Hachaisieren« bezeichnete. Erst um ein Uhr nachts, nach einer stundenlangen, nervenaufreibenden Wartezeit, wurde Hácha zu Hitler bestellt. Zu Einschüchterungszwecken Göring und Keitel neben sich, begann der Diktator gegenüber dem 70-jährigen Staatspräsidenten mit einer weitschweifigen, dreiviertelstündigen Anklage gegen die Tschechen. Hácha, der in der Hoffnung angereist war, Verhandlungen über die Unabhängigkeit seines Landes zu führen, hörte von Hitler, dass der um sechs Uhr beginnende Einmarsch deutscher Truppen unabwendbar sei. Nach der Androhung eines deutschen Luftangriffs auf Prag blieb dem zermürbten Hácha, der unter dem Druck einen Herzanfall erlitt, nur die Möglichkeit, in die Unterwerfung einzuwilligen, um seinen schutzlosen Staat vor einer Zerstörung zu bewahren. Kurz vor vier Uhr unterzeichnete er das vorbereitete Kapitulationsdokument. In den frühen

Morgenstunden des 15. März, zwei Stunden, nachdem Hácha die Reichskanzlei verlassen hatte, rückten Einheiten der Wehrmacht von allen Seiten in die Tschechoslowakei ein. Im Hochgefühl des erzwungenen Triumphes verstieg sich der Diktator zu dem Ausruf, er werde »als der größte Deutsche in die Geschichte eingehen!«[31]

Am 16. März 1939 traf Hitler, unbemerkt von der wuterfüllten tschechischen Bevölkerung, auf der Prager Burg ein, wo er am folgenden Tag den »Erlaß über die Bildung eines Protektorats Böhmen und Mähren« unterschrieb. Die besetzten Landesteile wurden dem Reich angegliedert, behielten aber eine tschechische Regierung zur Selbstverwaltung, die dem zum »Reichsprotektor« ernannten Neurath unterstellt wurde. Für das »Dritte Reich« bedeutete die Einverleibung der Tschechoslowakei in strategischer und wehrwirtschaftlicher Hinsicht einen ungeheuren Gewinn: Tschechisches Kriegsgerät, vor allem aber die Maschinen- und Rüstungsindustrie gelangten in deutsche Verfügungsgewalt; neue Vorkommen an Bodenschätzen und Rohstoffen waren gewonnen; die Staaten des Donau- und Balkanraumes, von denen Ungarn und Rumänien noch im März Wirtschaftsabkommen mit dem Reich unterzeichneten, gerieten noch stärker unter deutschen Einfluss und konnten ökonomisch erschlossen werden. Zudem wurde die deutsche Militärgrenze nicht nur erheblich verkürzt, sondern auch Polen in eine südliche Flankenumfassung genommen, weil die von Deutschland abhängige Slowakei Militärstützpunkte und Flugplätze zur Verfügung stellen würde.

Doch der so erreichte Erfolg war insofern ein Wendepunkt, als Hitler dabei erstmals einen von ihm selbst unterzeichneten Vertrag gebrochen, in aller Deutlichkeit gegen das zuvor stets für sich reklamierte Selbstbestimmungsrecht der Völker verstoßen und unverkennbar hatte erkennen lassen, dass sich seine Ziele nicht im Revisionismus erschöpften. Im Grunde nämlich war der »Griff nach Prag« nicht die Revision von Versailles, sondern von München. So führten nun bei den Westmächten das bittere Gefühl der Enttäuschung und die unbestreitbare Erkenntnis, von Hitler irregeführt worden zu sein, zu einem Umdenken: Am 31. März 1939 gab Chamberlain vor dem Unterhaus die Zusicherung ab, Polen im Falle eines deutschen Angriffs zu unterstützen, und kündigte die unverzügliche Aufnahme von Gesprächen mit Frankreich und den Mitgliedern des Commonwealth an, um eine Koalition zur Sicherung der noch unabhängigen Staaten des europäischen Ostens und Südostens zustande zu bringen. Die eigene Aufrüstung wurde fortan koordiniert und intensiviert, die allgemeine Wehrpflicht eingeführt.

Nachdem sich die westlichen Demokratien die Trümpfe gegenüber Deutschland aus der Hand hatten schlagen lassen und Zug um Zug die vormalig bestehende gewaltige Überlegenheit preisgegeben worden war, kam der Sinneswandel der Westmächte für die Tschechen freilich zu spät. Mit der Eingliederung des unterjochten tschechischen Volkes hörte das Deutsche Reich auf, ein Nationalstaat zu sein. Es gewann eine neue Qualität, in der sich die Zielsetzungen Hitlers klar andeuteten: Am Tag der Errichtung des Protektorats Böhmen und Mähren beauftragte er seinen Propagandaminister Goebbels, der Presse »die Verwendung des Begriffs ›Großdeutsches Weltreich‹« als »unerwünscht« zu untersagen, da dieser »für spätere Gelegenheiten vorbehalten« bleiben solle.[32]

Die Entfesselung des Krieges

»Jeder neue Zug unserer Politik wird uns irgendwie mit den Polen in Reibung bringen«[33], mutmaßte Weizsäcker nach der Annexion des Sudentengebietes, und in der Tat war die Liquidierung der Tschechoslowakei in den größeren Rahmen der Beziehungen zu Polen eingebunden. Bereits am 24. Oktober 1938 hatte Ribbentrop dem polnischen Botschafter den Vorschlag zu einer »großen Regelung« unterbreitet. Danach sollte Danzig zum Reich zurückkehren und eine exterritoriale, zu Deutschland gehörende Auto- und Eisenbahnverbindung den sogenannten polnischen »Korridor« durchqueren, der Ostpreußen vom deutschen Kernland trennte. Im Gegenzug wurde den Polen eine Garantie der deutsch-polnischen Grenze angeboten, ferner eine Verlängerung des Nichtangriffsvertrages auf 25 Jahre sowie Gespräche zur wirtschaftlichen und außenpolitischen Zusammenarbeit. Überdies sollte das autoritär regierte, stark antisowjetisch ausgerichtete Polen dem »Antikominternpakt« beitreten. Das Ziel des von Berlin vorgeschlagenen Interessenausgleichs war klar: Polen sollte als abhängiger Juniorpartner in ein Zweckbündnis mit Deutschland gedrängt werden, um dem Reich im Falle eines Krieges – gegenüber den Westmächten – den Rücken freizuhalten oder aber – gegenüber der Sowjetunion – als Aufmarschgebiet und Verbündeter zu dienen.

Die Antworten Warschaus vom 24. Oktober und 19. November waren zwar keine kategorische Ablehnung, aber doch eine Absage an die geforderte Selbstpreisgabe: So wurde Verhandlungsbereitschaft über die Verkehrsfrage signalisiert, eine exterritoriale Verbindung aber ausgeschlossen. Gleiches galt für die Rückkehr Danzigs zum Reich, die an die Bedingung gekoppelt wurde, das Völkerbundsmandat über die Stadt durch ein bilaterales Abkommen abzulösen, das den Freistaatscharakter betonen sollte. Einen Beitritt zum »Antikominternpakt«, den etwa das Franco-Regime am 27. März 1939 vollzog, lehnte die polnische Regierung ganz ab. Da sich Warschau dem fortgesetzten deutschen Werben entzog, begann Hitler zur folgerechten Feindschaft zu Polen umzudenken. Am 23. März rückten Infanterie- und Panzereinheiten ins Memelgebiet ein, das die litauische Regierung auf deutschen Druck hin am Vortag zur Wiedervereinigung mit dem Reich freigegeben hatte. Mit Litauen, das zum deutschen Satellitenstaat herabsank, dem Memelland sowie Ostpreußen wurde die bereits bestehende Bedrohung der polnischen Flanken im Westen und Süden nun auch im Osten geschlossen. Im Zeichen dieser Umklammerung hatte Ribbentrop dem polnischen Botschafter zwei Tage zuvor die verklausulierte Drohung hinterbracht, dass Hitler über »die merkwürdige Haltung Polens« bislang »nur verwundert« sei; »es käme darauf an, daß er nicht den Eindruck erhalte, daß Polen einfach nicht wolle«.[34]

Die Warschauer Regierung aber war überzeugt, sich den deutschen Einschüchterungsversuchen bis hin zur Kampfentschlossenheit widersetzen zu müssen, und stützte sich dabei auf die Rückendeckung Frankreichs und Großbritanniens. Nachdem Hitler das von ihm selbst unterzeichnete »Münchener Abkommen« gebrochen hatte, konnte in Europa über die wahre Natur seines Regimes kein Zweifel mehr bestehen. Selbst Churchill, der beredteste Kritiker der *Appeasement*-Politik, erhielt im britischen Kabinett immer mehr Unterstützung für seine Auffassung, man müsse der deutschen Expansion einen Kurs bündnis- und rüstungspolitischer Stärke entgegenstellen. Auch Chamberlain akzentuierte nun sehr viel stärker das Element der Abschreckung: Am 6. April wurde die britische Garantieerklärung für die staatliche Unabhängigkeit Polens in einen wechselseitigen Beistandspakt umgewandelt. Sich derartig festzulegen, hatte Großbritannien nach dem seit 1918 befolgten Grundsatz, keine Garantierverpflichtungen zu übernehmen, bislang (mit Ausnahme Belgiens) stets vermieden. Eine solche jetzt einzugehen, war ein Politikum von ungeheurer Bedeutung, das zeigte, dass man in London die Brisanz der Situation erkannt hatte und mit einem Kurswechsel zu einer Bündnispolitik reagierte, die klar gegen das Reich gerichtet war.

Inzwischen hatte Hitler den nächsten Schritt auf dem Weg zum Krieg eingeleitet: Bereits am 3. April war seine Weisung zum »Fall Weiß« ergangen, nach der die Kriegsvorbereitungen gegen Polen so voranzutreiben waren, »daß die Durchführung ab 1.9.1939 jederzeit möglich ist«. Diese Planungen für einen Krieg im Osten aber bildeten einstweilen noch die »vorsorgliche Ergänzung der Vorbereitungen« für den Krieg im Westen.[35]

Wenige Tage später, am 7. April, ließ Mussolini – halb bewundernd, halb neidisch auf die nationalsozialistische Expansion – seine Truppen in Albanien einfallen, da das italienische Volk »nicht den Eindruck gewinnen [sollte], als bekäme der Achsenpartner alles und Italien nichts«[36], wie man im Auswärtigen Amt vermutete. Großbritannien reagierte darauf am 13. April mit einer Garantieerklärung der territorialen Integrität Griechenlands und Rumäniens; Hitler wiederum veranlasste am 28. April die Aufkündigung des deutsch-polnischen Nichtangriffspakts sowie des deutsch-britischen Flottenabkommens. Das waren zugleich eindeutige Signale in Richtung USA. Franklin D. Roosevelt, der US-Präsident, hatte sich angesichts der sich zuspitzenden Lage auf dem europäischen Kontinent eingeschaltet und Mussolini und Hitler aufgefordert, öffentlich eine Nichtangriffsgarantie für 31 namentlich genannte Länder abzugeben. Hitlers höhnische Ablehnung aber kam einer moralischen Kriegserklärung gleich, die das Reich im Frühjahr 1939 in eine bedrohliche Frontstellung brachte.

Dieser Front versuchte Hitler den zu einem Militärbündnis ausgebauten »Antikominternpakt« entgegenzusetzen. Am 22. Mai unterzeichneten Ribbentrop und Ciano den sogenannten »Stahlpakt«, in dem sich Italien und Deutschland zu militärischem Beistand für den Fall eines Krieges verpflichteten, gleichgültig, ob der Allianzpartner Angreifer oder Angegriffener war. Mussolini versprach sich von dem Bündnis eine einschüchternde Wirkung auf die Westmächte, um ihnen eine weitere Verständigungsbereitschaft für eine diplomatische Lösung abzuringen. Vor allem aber nahm er an, Deutschland dadurch »mehr als bisher in unseren überraschenden Zügen kontrollieren zu können«[37], wie Weizsäcker notierte. Tatsächlich versuchte Mussolini, Hitler auf eine mehrjährige Friedensperiode festzulegen, da Italien, wie in den »Stahlpakt«-Verhandlungen stets betont wurde, nicht vor 1942 für einen großen Krieg gerüstet sei. Seine Erwartung, dass Deutschland nicht ohne den Allianzpartner zum Krieg schreiten würde, war jedoch verfehlt. Auf diesen nämlich steuerte Hitler lange schon absichtsvoll zu.

Bereits am Tag nach der Unterzeichnung des »Stahlpakts« enthüllte der Diktator den Oberbefehlshabern der drei Teilstreitkräfte seinen Entschluss, »bei erster passender Gelegenheit Polen anzugreifen. An eine Wiederholung der Tschechei ist nicht zu glauben. Es wird zum Kampf kommen.« Seinen alten Denkmustern von Rassenkampf und Raumnot entsprechend, eröffnete er unumwunden, dass Danzig »nicht das Objekt [sei], um das es geht. Es handelt sich für uns um die Erweiterung des Lebensraumes im Osten und Sicherstellung der Ernährung.« Dafür sehe er sich unter Umständen veranlasst, »mit einigen vernichtenden Schlägen England und Frankreich anzugreifen«.[38] Damit war Hitler endgültig von seinem ursprünglichen Plan abgegangen, »die Lösung der polnischen Frage hinauszuschieben, sozusagen auf Eis zu legen«, um zuvor die »unvermeidbare Auseinandersetzung mit dem Westen auszutragen«.[39] Doch dieser Angriffsplan setzte das Reich dem Risiko eines Zweitfrontenkriegs aus, wodurch die Sowjetunion nun auch für Berlin in eine Schlüsselposition geriet, die sie für London und Paris bereits besaß. Da Großbritannien weithin die militärischen Machtmittel fehlten, um die Garantieerklärung an Polen aktiv zu verteidigen, wusste man im Kreml »ganz genau, daß es unmöglich ist, die [deutsche] Aggression in Europa ohne uns aufzuhalten und zum Stehen zu bringen«[40], wie Außenminister Maxim Litwinow an den Sowjetbotschafter in Berlin schrieb.

Für Stalin allerdings eröffnete ein Pakt mit England und Frankreich eine wenig vorteilhafte Perspektive. Dass in einer solchen Konstellation die Rote Armee die Hauptlast des Krieges tragen würde, während die Westmächte ihre Rüstung weiter ausbauen könnten, war ein Kalkül, das der sowjetische Diktator längst durchschaut hatte. Bereits am 10. März 1939 hatte er öffentlich angekündigt, »den Kriegsprovokateuren«, die es gewohnt seien, »sich von anderen die Kastanien aus dem Feuer holen zu lassen, nicht die Möglichkeit zu geben, unser Land in Konflikte hineinzuziehen«.[41] Im Frühjahr 1939 war die von der »Münchener Konferenz« noch ferngehaltene Sowjetunion jedenfalls derart umworben, dass nun eine »Parforce-Jagd in Konkurrenz mit den Engländern um die russische Gunst«[42] einsetzte, wie Weizsäcker notierte.

Den ersten Schritt machte Stalins französischer Partner bereits im April 1939, als er eine Erweiterung des 1935 geschlossenen Nichtangriffspakts zu einem Bündnis vorschlug. Allein, da Stalin vor allem an territorialen Konzessionen gelegen war, in die England und Frankreich nicht einwilligen konnten, bestand kaum Aussicht auf eine Einigung. Zudem waren die halbherzig geführten Verhandlungen von Beginn an durch gegenseitigen Argwohn belastet: Während Chamberlains Vorbehalte der Sowjetunion galten, die er als Macht der Weltrevolution empfand, misstraute Stalin der englisch-französischen Entschlossenheit zum Widerstand und fürchtete einen gegen die Sowjetunion gerichteten Interessenausgleich der kapitalistischen Staaten, der sich für ihn im »Münchener Abkommen« bereits abgezeichnet hatte. Noch entscheidendere Bedenken waren durch die Staaten Osteuropas geltend gemacht worden. Polen hatte sich – aus Angst vor sowjetischen Territorialansprüchen – beharrlich geweigert, der Moskauer Forderung nach einem Durchmarschrecht durch polnisches Gebiet im Kriegsfall stattzugeben, um die im polnisch-sowjetischen Krieg von 1920 eroberten ukrainischen und weißrussischen Gebiete nicht aufs Spiel zu setzen. Ähnliches galt für Rumänien, das mit Bessarabien ein ehemaliges russisches Territorium besaß, wie auch die baltischen Staaten, in denen Stalin nach der Errichtung von Stützpunkten für die Rote Armee verlangte. So waren die Westmächte – wohl ohne sich dessen voll bewusst zu sein – in dem Dilemma gefangen, die kleinen ost- und südeuropäischen Länder gegen Hitlers Aggression nur mit Stalins Hilfe verteidigen zu können, dessen Expansionsabsichten jedoch im Grunde in die gleiche Richtung zielten.

Dass Stalin überhaupt noch an einem Abschluss eines antideutschen Bündnisses mit den Westmächten gelegen war, erschien fraglich, seitdem ihm der Ausgleich mit Hitler eine Alternative eröffnete. Am 17. April 1939 wies der sowjetische Botschafter in Berlin in einem Gespräch mit Weizsäcker auf die Chancen zur Verbesserung der bilateralen Beziehungen hin, die durch »ideologische Meinungsverschiedenheiten« nicht gestört werden brauchten. Vielmehr sei der Weg zu »normalen Beziehungen« offen, aus denen »auch wachsend bessere werden« könnten. Wenngleich die sowjetische Initiative in eine diplomatische Form gekleidet war, hinterließ sie bei Weizsäcker den Eindruck, dass der Sowjetbotschafter die Unterhaltung auf diese Ausführungen »hingeführt« hatte. Deutlicher noch war das Signal vom 4. Mai, als Stalin seinen Außenkommissar Maxim Litwinow, der als Vertreter einer westlich orientierten Sicherheitspolitik galt, durch seinen Vertrauensmann Wjatescheslaw Molotow ersetzte. Hitler allerdings zögerte, in eine Annäherung an seinen geschworenen Todfeind einzuwilligen, bis lediglich das Bündnis mit Stalin noch einen Ausweg aus seinem eingeengten Manövrierraum bot. Tatsächlich erging erst Ende Mai, eine Woche nach Unterzeichnung des »Stahlpakts«, die Weisung an den deutschen Botschafter in Moskau, »nun doch« aus der Reserve zu treten und eine »Fühlungnahme mit den Russen« einzuleiten. Zunächst noch auf der Ebene wirtschaftlicher Verhandlungen geführt, wandten sich die deutsch-sowjetischen Gespräche schließlich Ende Juli politischen Fragen zu. Julius Schnurre, ein Legationsrat im Auswärtigen Amt, der bislang die Wirtschaftsverhandlungen geführt hatte, wurde ermächtigt, seinen Gesprächspartnern zu versichern, dass es »bei aller Verschiedenheit der Weltanschauung« doch *»ein* Gemeinsames« zwischen beiden Ländern gäbe, nämlich die Gegnerschaft zu den kapitalistischen Demokratien. Großbritannien biete der Sowjetunion nichts anderes als die »Beteiligung an einem europäischen Krieg« und die »Feindschaft Deutschlands«; das Deutsche Reich aber könne der Sowjetunion nicht nur »Neutralität und Herausbleiben aus einem etwaigen europäischen Konflikt«, sondern überdies eine »Verständigung über die beiderseitigen Interessen« in Ostmitteleuropa offerieren.[43]

Recht bald war es Berlin, das Moskau immer stärker zu einem »großzügigen Interessenausgleich« drängte, indem es versicherte, dass »auch im Fall einer kriegerischen Lösung die deutschen

Interessen in Polen durchaus begrenzt seien. Sie brauchten in keiner Weise mit irgendwelchen sowjetischen Interessen zu kollidieren.«[44] Angesichts eines solchen Entrees kamen die deutsch-sowjetischen Gespräche zügig in Gang: »Die Chiffrierabteilung des Auswärtigen Amts konnte bei dem Tempo, das nunmehr in den Verhandlungen mit Stalin angeschlagen wurde, nur unter Einsatz aller Kräfte gerade noch mitkommen.«[45] Ribbentrop ließ den deutschen Botschafter in Moskau unumwunden erklären, es existiere »kein Problem von der Ostsee bis zum Schwarzen Meer, was zwischen uns nicht zu lösen sei«. Als Molotow in einem Telegramm vom 14. August durchblicken ließ, dass ihm ein Besuch Ribbentrops in Moskau willkommen sei, drängte Hitler sogar Stalin persönlich, möglichst schon am 22. oder 23. August seinen Außenminister zu empfangen, der mit der »umfassendsten Generalvollmacht zur Abfassung und Unterzeichnung des Nichtangriffspakts sowie des Protokolls«[46] käme.

Hitlers Ungeduld war nicht ohne Hintergrund. Zwischenzeitlich nämlich hatte er sich auf den 26. August als neuen Termin für den Angriff auf Polen festgelegt, den er mit sowjetischer Rückendeckung führen wollte, um die Westmächte zur defensiven Neutralität zu nötigen. Deshalb reiste Ribbentrop, als schließlich die sowjetische Einladung vorlag, eilends nach Moskau. »Wie eine Bombe«[47] schlug diese Nachricht allerorten ein, und als Ribbentrop am 23. August mit seinem sowjetischen Amtskollegen Molotow den Nichtangriffspakt unterzeichnete, schienen einer schockierten Welt die Tage des Friedens gezählt. In der Tat verpflichteten sich Deutschland und die Sowjetunion für die zehnjährige Geltungsdauer des Vertragswerkes, nicht gegeneinander zur Aggression zu schreiten oder eine dritte Macht gegen den jeweils anderen Vertragpartner zu unterstützen. Die in einem geheimen Zusatzprotokoll bezeichnete Linie, die entlang der Flüsse Pissa, Narew, Weichsel und San verlief, grenzte eine westliche deutsche von einer östlichen sowjetischen Interessensphäre ab und wandelte den deutsch-sowjetischen Nichtangriffspakt de facto in einen koordinierten Angriffsvertrag gegen Polen um. Mehr noch: Während die Westmächte erst nach energischem Druck auf die Regierung in Warschau dem sowjetischen Diktator polnische Gebiete als Operationsbasis vage in Aussicht stellen konnten, offerierte Ribbentrop diesem das halbe Europa. Finnland, Estland und Lettland, das östliche Polen sowie Bessarabien: All das, was Hitler im Pakt der beiden totalitären Diktatoren so freimütig preisgab, gedachte er Stalin freilich kriegerisch wieder zu nehmen.

Stalins Motive für den Abschluss des Abkommens waren eindeutig: Der Ausgleich mit den Deutschen bot ihm die Chance, ein großes Territorium hinzuzugewinnen und seinen Einfluss in Ost- und Südosteuropa auszudehnen. Ferner verschaffte er ihm nicht nur die Zeit, um die eigene Aufrüstung voranzutreiben, sondern auch die Gelegenheit, die Verteidigungslinie nach Westen vorzuschieben, während im Osten des riesigen Landes schon seit Monaten ein Krieg gegen Japan andauerte. Und schließlich stiftete er mittelbar die kapitalistischen Staaten zu einem Krieg untereinander an, der sie von der Errichtung einer gemeinsamen antisowjetischen Front abhalten würde – eine Gefahr, die Stalin allerdings subjektiv stärker sorgte, als sie objektiv tatsächlich vorhanden war.

Hitlers Beweggrund für das Bündnis war seine weltanschaulich fundierte Kriegssehnsucht. Im sicheren Wissen um die Vertragsunterzeichnung unterbreitete er den Oberbefehlshabern der Teilstreitkräfte seinen Entschluss zum Krieg. Da er die Gefahr eines »großen« Zweifrontenkriegs abgewendet sah, habe er den Westmächten die »Waffen aus der Hand geschlagen«, so dass Polen »in die Lage hineinmanövriert worden« sei, »die wir zum militärischen Erfolg brauchen«. Mit einem »kleinen« Zweifrontenkrieg – dem Eingreifen der Westmächte trotz sowjetischer Neutralität – rechnete er kaum noch, da »unsere Gegner« keine »Tatmenschen« in der Führung hätten. Aber selbst die geringe Gefahr einer Front im Westen sorgte ihn nicht: »Wir werden den Westen halten, bis wir Polen erobert haben.«[48]

Von seiner Sehnsucht nach Kampf und Vernichtung diktiert, war Hitler bereit, einen Krieg in gleichsam spiegelverkehrter Bündniskonstellation zu entfesseln, was beim »Chefideologen« Rosenberg irritiertes Entsetzen hervorrief: »Wie können wir noch von der Rettung und Gestaltung Europas sprechen, wenn wir den Zerstörer Europas um Hilfe bitten müssen?«[49] Doch der Diktator hatte seine Entscheidung ganz im Sinne seiner ideologischen Grundpositionen getroffen, da er, so seine Begründung, den »Pakt mit [dem] Satan« überhaupt nur geschlossen habe, »um [den] Teufel auszutreiben«.[50] Von seinem eigentlichen Fernziel, dem Rassen- und Lebensraumkrieg gegen die Sowjetunion, war Hitler damit keineswegs abgerückt. So hatte er schon vor dem Paktabschluss sein Vorgehen mit den Worten gerechtfertigt: »Alles was ich unternehme, ist gegen Rußland gerichtet; wenn der Westen zu dumm und zu blind ist, um dies zu begreifen, werde ich gezwungen sein, mich mit den Russen zu verständigen, den Westen zu schlagen und dann nach seiner Niederlage mich mit meinen versammelten Kräften gegen die Sowjetunion zu wenden.«[51]

Die erste Wirkung, die sich Hitler vom Nichtangriffspakt versprochen hatte, blieb zu seiner völligen Überraschung jedoch aus. Weder in Frankreich noch in Großbritannien stürzte das Kabinett in eine Regierungskrise, auf die er für seinen Kriegsplan gehofft hatte. Stattdessen war er nur wenige Stunden vor der Vertragsunterzeichnung durch eine Mitteilung Chamberlains gewarnt worden, dass Großbritannien seine Beistandsverpflichtungen gegenüber Polen einlösen würde, gleichviel, welcher Art das deutsch-sowjetische Abkommen sein würde. Hitler reagierte ganz im Sinne seiner Weltanschauung: Am 25. August, zwei Tage nach der Ratifizierung des Moskauer Pakts, bestellte er den britischen Botschafter in die Reichskanzlei, um diesem ein »großes umfassendes Angebot« für die Zeit »nach [der] Lösung der deutsch-polnischen Frage« in Aussicht zu stellen. Mit Blick auf seinen Bündnisgedanken und in der Hoffnung auf Londons Neutralität im bevorstehenden Krieg mit Polen offerierte er die

Aufteilung der Welt in Interessensphären und sogar deutsche Hilfe zur Sicherung des britischen Weltreiches. Dass Großbritannien – wie bei allen Gewaltaktionen Hitlers zuvor – nicht in den Krieg gegen das Reich eintreten würde, schien dem Diktator trotz der gegenteiligen britischen Versicherungen ohnehin kaum zweifelhaft.

Nur wenig später, gegen 15 Uhr, erteilte Hitler Keitel den Befehl zum Angriff auf Polen in den frühen Morgenstunden des Folgetages. Anschließend überschlugen sich die Ereignisse: Die Versicherung des französischen Botschafters, dass Frankreich an der Seite Polens in einen Krieg eintreten werde, vermochte Hitler noch nicht zu erschüttern. Doch bereits die Nachricht, dass Großbritannien und Polen am frühen Abend einen schriftlichen Beistandsvertrag geschlossen hatten, machte ihn unsicher. Als dann der italienische Botschafter mit Mussolinis Mitteilung eintraf, Italien sei nicht kriegsbereit und werde sich infolgedessen nicht an kriegerischen Handlungen beteiligen, wirkte er »ziemlich zusammengebrochen«[52].

Unsicher geworden, nahm er am Abend seine Weisung vom Nachmittag zurück. Doch der Widerruf des Befehls war kein Verzicht auf den Angriff, sondern lediglich dessen Aufschub. Hitler hatte weder mit der Kriegsentschlossenheit der Westmächte noch mit Mussolinis Absage gerechnet, als er den Angriffstermin auf den Morgen des 26. August festgesetzt hatte. Dieser war ursprünglich für den 31. August und dann für den 1. September befohlen worden – und vor diesem Termin war der militärische Aufmarsch weder im Osten noch im Westen abgeschlossen. Gegenüber Polen hatte Hitler deshalb erneut auf die militärische Überlegenheit der Wehrmacht vertraut; gegenüber den Westmächten hatte er einerseits mit der kriegsabschreckenden Wirkung des Moskauer Pakts gerechnet und andererseits mit der Entlastung durch den Bundesgenossen Italien, dessen Kriegserklärung feindliche Truppen binden sollte. Nachdem beide Sicherungsoptionen weggefallen waren, wurde die Verschiebung des Angriffstermins unvermeidlich.

Immerhin gab der Aufschub die Gelegenheit, um nochmals diplomatische Aktivitäten zu entfalten. Inmitten der ausbrechenden hektischen Betriebsamkeit versuchte etwa Weizsäcker, die Eskalation des längst ausgebrochenen »unblutigen Krieg[es]« abzuwenden. Er warnte Hitler vor dem sicheren Kriegseintritt Großbritanniens und der Neutralität Italiens und beschwor auch den italienischen Botschafter am 25. August, »mit voller Klarheit zu reden«.[53] Göring, der schon ein Jahr zuvor bemüht gewesen war, den militärischen Konflikt um die Tschechoslowakei zu vermeiden, hatte bereits am Morgen des 25. August den befreundeten schwedischen Geschäftsmann Birger Dahlerus nach London geschickt, der dort ein von Hitler gebilligtes Verständigungsangebot unterbreiten sollte. Sieben Mal pendelte Dahlerus zwischen dem 25. August und dem 4. September mit einem Sonderflugzeug zwischen Berlin und London hin und her.

Doch letztlich mussten all diese Bemühungen um den Erhalt des Friedens ebenso erfolglos bleiben wie die parallel unternommenen Anstrengungen Londons über die britischen Botschafter in Berlin und in Rom. Dem deutschen Diktator war nur an der Vorbereitung des Krieges gelegen, so dass auch seine Erwartungen an die Vermittlungsgespräche allein auf die »Abspaltung der Engländer von Polen gerichtet«[54] waren. Aus dem gleichen Grund erklärte er am 29. August zum Schein seine nochmalige Bereitschaft zum Gespräch mit den Polen, für die ein bevollmächtigter Unterhändler binnen 24 Stunden nach Berlin kommen sollte. Nachdem die Polen diese ultimative Aufforderung als unannehmbar zurückgewiesen hatten, war ihr Zweck erfüllt: Wohl »nur for show«[55], wie Weizsäcker bedauernd notierte, verlas Ribbentrop dem britischen Botschafter jenen Kompromissplan, der eigentlich dem polnischen Emissär unterbreitet werden sollte, inzwischen aber hinfällig sei. Tatsächlich ging es Hitler nur um das Alibi; seinen Zeitplan hatte er intern längst bekannt gegeben: »30.8. Polen in Berlin. 31.8. Zerplatzen. 1.9. Gewaltanwendung.«[56]

So war auch Mussolinis noch am 31. August unterbreiteter Vorschlag aussichtslos, London möge mit der Zustimmung zur Rückkehr Danzigs zum Reichsgebiet den Weg zu einer Konferenz der Großmächte bereiten. Selbst die am Nachmittag eintreffende Nachricht, dass der polnische Botschafter im Namen seiner Regierung um die Aufnahme direkter Verhandlungen ersuchte, konnte Hitlers Absicht zur Entfesselung des Krieges nicht mehr durchkreuzen. Bereits zur Mittagsstunde des gleichen Tages hatte er den endgültigen Befehl für die Eröffnung des Feldzugs gegen Polen gegeben: »Nachdem *alle politischen Möglichkeiten erschöpft sind*, um auf friedlichem Wege eine für Deutschland unerträgliche Lage an seiner Ostgrenze zu beseitigen«, habe er sich »zur *gewaltsamen Lösung*«, dem »*Angriff gegen Polen*«, entschlossen. Ein fingierter Überfall auf den deutschen Rundfunksender in Gleiwitz gab Hitler den »propagandistischen Anlaß zur Auslösung des Krieges«, dessen Glaubhaftigkeit ihm eher gleichgültig war: »Der Sieger wird später nicht danach gefragt, ob er die Wahrheit gesagt hat oder nicht. Bei Beginn und Führung des Krieges kommt es nicht auf das Recht an, sondern auf den Sieg.« Um 4.47 Uhr eröffnete das Marineschulschiff »Schleswig-Holstein« mit dem Feuer seiner Geschütze den Angriff. Am Vormittag des 1. September trat Hitler vor den Reichstag und versicherte, Deutschland werde den Sieg erringen – oder er selbst das Ende nicht mehr erleben. »Ein Wort« habe er »nie kennengelernt, es heißt: Kapitulation!«[57]

Konsequent schritt Hitler damit zur Vollstreckung seiner Weltanschauung, die sich nur zwischen Sieg oder Untergang bewegte, und stürzte Deutschland, Europa und die Welt in einen Rassen- und Raumeroberungskrieg.

8 Weltanschauung und Kriegsverlauf

Am 23. August 1939 unterzeichneten der sowjetische Außenminister Wjatscheslaw Molotow (li.) und sein deutscher Kollege, Joachim v. Ribbentrop, den deutsch-sowjetischen Nichtangriffspakt.

»Blitzkriege« und Besatzungsherrschaft

»Die Politik sei am Ende«[1], stellte Weizsäcker nach dem Angriff auf Polen resigniert fest. Und doch gilt es, den kaum noch politisch zu nennenden Entwicklungslinien nachzuspüren, die in jenen Krieg hineinwirkten, der nach Hitlers Willen als rassischer Vernichtungskrieg geführt werden sollte. In dieser Absicht ließ er seinen im Oktober 1939 unterzeichneten »Euthanasie-Erlass«, der die Massentötung von Geisteskranken und Behinderten einleitete, auf den Tag des Kriegsbeginns zurückdatieren. Gleichfalls begann noch im ersten Kriegsmonat die Ausrottung der Zigeuner. Es bedurfte des kriegerischen Ausnahmezustandes, um im Zeichen des Krieges den Zivilisationsbruch durchsetzen zu können, den Hitler bis zur letzten Konsequenz zu vollziehen beabsichtigte. Doch sein eigentlicher Vernichtungsvorsatz galt der »Menschheitsbedrohung« in Gestalt der Juden und des »jüdischen Geistes«. Wann immer Hitler fortan auf seine am 30. Januar 1939 vor dem Reichstag gegebene »Prophezeiung« zu sprechen kam, datierte er sie auf den 1. September um.

Den Krieg gegen England und Frankreich aber löste der Feldzug gegen Polen erst am 3. September aus, als ein italienischer Konferenzvorschlag an Hitlers Eroberungswillen scheiterte und entsprechende Ultimaten aus London und Paris ausliefen, die den Diktator zur Einstellung der Kriegshandlungen und zur Rücknahme der Wehrmacht auf deutsches Gebiet aufgefordert hatten. Hitler, der mit solch unverzüglichem Widerstand der Westmächte nicht gerechnet hatte, reagierte in seinem »Aufruf an das deutsche Volk« mit Attacken gegen die Juden. Aus Rücksicht auf seinen sowjetischen Partner und das englische Volk machte er »jene jüdisch-plutokratische und demokratische Herrenschicht« für den Krieg verantwortlich, »die in allen Völkern der Welt nur gehorsame Sklaven sehen will«. Der »jüdisch-demokratische Weltfeind hat es fertiggebracht, das englische Volk in den Kriegszustand gegen Deutschland zu hetzen«, hieß es in dem Aufruf an die Partei vom gleichen Tage. »Die Gründe dafür sind genau so verlogen und fadenscheinig, als [sic!] es die Gründe 1914 waren.«[2]

Vom Kriegssommer 1914 unterschied sich der von 1939 jedoch fundamental, da im Ersten Weltkrieg die rassische Antriebskraft der Weltanschauung nicht existiert hatte und da im Zweiten die aus Hitlers »historischer Vision« kommenden Kriegsziele im Prinzip unbegrenzt waren. Im Vergleich zur Aufbruchstimmung des »Augusterlebnisses«, der nationalen Euphorie von 1914, löste der Angriff auf Polen 1939 keine Kriegsbegeisterung, sondern nur beklommenen Gehorsam aus. In gewisser Perspektive bestand ein Unterschied auch in der Tatsache, in »verkehrter« Frontstellung Krieg führen zu müssen. Bis zuletzt hatte Hitler auf die Nichteinmischung Großbritanniens gehofft, gegen das sich das Reich nun im Krieg befand. Stattdessen hatte er die strategische Rückendeckung in der Abmachung mit Stalin gesucht, der seine Truppen am 17. September in jenes ostpolnische Gebiet einmarschieren ließ, dessen Zuschnitt ein am 28. September in Moskau geschlossener deutsch-sowjetischer »Grenz- und Freundschaftsvertrag« abschließend regelte: Alle drei baltischen Länder wurden als sowjetische Einflusssphäre deklariert und im August 1940 in »Sozialistische Sowjetrepubliken« umgewandelt; Deutschland erhielt West- und Zentralpolen. Als Folge der deutsch-sowjetischen Annäherung und des Bruchs des »Antikominternpakts« im »Hitler-Stalin-Pakt« war allerdings Japan auf größtmögliche Distanz zum Reich gegangen und wurde von einem Abschwenken in das antideutsche Lager nur durch seine Gegnerschaft zu den USA gehindert. Auch vom Achsenpartner Italien, das als nicht Krieg führende Macht einstweilen unbeteiligt blieb, konnte weder maßgebliche militärische noch wehrwirtschaftliche Unterstützung erhofft werden, die die Westmächte von den USA erwarten durften.

Hitler selbst vermochte den Ausweg aus dieser gefährlichen Lage nur im Krieg zu erkennen: »Durch keinen Vertrag und durch keine Abmachung kann mit Bestimmtheit eine dauernde Neutralität Sowjet-Rußlands sichergestellt werden.« Zwar sei der »Versuch gewisser Kreise der U.S.A., den Kontinent in eine deutschfeindliche Richtung zu führen«, vorerst »sicher ergebnislos, kann aber in der Zukunft doch noch zu dem gewünschten Ergebnis führen. Auch hier ist die Zeit als gegen Deutschland arbeitend anzusehen.« Insgesamt, so begründete er nur wenige Tage nach dem Ende des polnischen Feldzugs seine kriegerische Eile, wirke also »die Zeit mit größerer Wahrscheinlichkeit als Verbündeter der Westmächte, [...] denn als Verbündeter von uns«.[3] Deshalb galt, schon bevor Frankreich und Großbritannien seinen am 6. Oktober vor dem Reichstag angebotenen Friedensvorschlag ablehnten, Hitlers nächster Gedanke bereits dem Krieg im Westen, um »Frankreich zu zerschlagen« und Großbritannien »auf die Knie zu zwingen«.[4] Allein dieses Vorgehen würde, so Hitlers Vorstellung, zur »richtigen« Frontstellung gegen die Sowjetunion zurückführen.

Welchen Charakter dieser »Weltanschauungskrieg« annehmen würde, war bereits am Rassenkrieg gegen Polen erkennbar. Am 12. Oktober 1939 unterzeichnete Hitler einen Erlass, mit dem jene polnischen Gebiete, die nicht Bestandteil des dem Reich eingegliederten »Warthelands« waren, zu einem »Generalgouvernement« zusammenfasst wurden. Zuvor der Militärverwaltung unterstehend, wurden sie der Leitung des »Generalgouverneurs« Hans Frank unterstellt, der im Zusammenwirken mit der SS die von Hitler angeordnete Volkstumspolitik durchsetzte. Noch während der Kriegshandlungen waren von Einsatzgruppen der SS Massenerschießungen an Juden und Angehörigen der polnischen Intelligenz verübt worden, wobei auch Truppenverbände der Wehrmacht in die Verbrechen an der Zivilbevölkerung verstrickt waren. Anschließend lief die systematische Umsiedlungspolitik an, die sich jedoch in der Praxis als nicht durchsetzbar erwies: Die jüdische Bevölkerung sollte – nach den zum Teil miteinander kollidierenden Planungen – in Ghettos deportiert, die polnische Bevölkerung aus den vom Reich annektierten Teilen Polens ins »Generalgouvernement« umgesiedelt sowie die deutschstämmigen Einwohner aus dem Baltikum und vom Balkan in die Territorien der eingegliederten Ostgebiete repatriiert werden. Mit der Durchführung dieser gigantischen Bevölkerungsverschiebung hatte Hitler am 7. Oktober Heinrich Himmler beauftragt und deshalb zum »Reichskommissar für die Festigung des deutschen Volkstums« ernannt. Die als »rassisch tadellos« einzustufenden Menschen »guten Blutes« plante er zu germanisieren, um dem »Untermenschenvolk des Ostens« die »für uns gefährliche da ebenbürtige Führungsschicht« zu nehmen. Die »Bevölkerung des Generalgouvernements setzt sich dann zwangsläufig nach einer konsequenten Durchführung dieser Maßnahmen im Laufe der nächsten 10 Jahre aus einer verbleibenden minderwertigen Bevölkerung« zusammen, die »als führerloses Arbeitsvolk zur Verfügung stehen und Deutschland jährlich Wanderarbeiter und Arbeiter für besondere Arbeitsvorkommen (Straßen, Steinbrüche, Bauten) stellen« werde.[5]

Hitlers Versklavungspolitik gab indes Mussolini Anlass zum Widerspruch. Da die Polen ohnehin »nie mehr eine Gefahr für das Großdeutsche Reich darstellen« könnten, würde ihre Besserbehandlung »den großen Demokratien jede Rechtfertigung zur Fortsetzung des Krieges nehmen«, schrieb er Anfang Januar 1940 an Hitler. Neben dieser Empfehlung, die einer Kritik nahe kam, warnte er zudem vor einem Angriff auf Frankreich, der letztlich auch zu einem Krieg mit den USA führen müsse. Da die dekadenten Demokratien aber ohnehin die »Gründe ihres Verfalls in sich« trügen, brauche Deutschland nicht das gerade geschaffene »Großdeutschland mit 90 Millionen Einwohnern einschließlich des Regimes aufs Spiel zu setzen und die Blüte des deutschen Volkes zu opfern, um den Fall einer Frucht vorwegzunehmen, die schicksalsnotwendig fallen muß und die wir, die Vertreter der neuen Kräfte Europas, sowieso ernten werden«. Gewinner wäre nur die Sowjetunion, die »Weltfeind Nummer Eins« gewesen sei und nun »nicht der Freund Nummer Eins geworden sein« könne. Nach wie vor läge die Lösung der deutschen »Lebensraumfrage« in »Rußland und nicht anderswo«.[6]

Mussolinis Brief war ein Zeugnis der Verworrenheit, die Italiens Politik seit dem Beginn des Krieges kennzeichnete. Vor allem eine Gruppe um Außenminister Ciano, der Hitlers eigenmächtigen Kriegskurs als Verstoß gegen den Geist und die Konsultationsklausel des »Stahlpakts« anprangerte, versuchte seither, den italienischen Neutralitätskurs zu stärken. Ihr schien ein deutscher Sieg über die vereinten Westmächte ebenso unwahrscheinlich, wie sie italienische Interessen auf dem Balkan durch Deutschlands sowjetischen Partner gefährdet sah. Mussolini seinerseits schwankte zwar, wollte sich aber alle Möglichkeiten offen halten und auch die Gelegenheit zur Teilhabe am deutschen Kriegserfolg nicht versäumen, um für sich selbst und Italien Ruhm und Beute einzubringen.

Im Bemühen, Italien an ihre Seite zu ziehen, versuchten die westlichen Demokratien, das Lager um Ciano zu stützen, der am 16. Dezember 1939 in der italienischen Kammer eine überraschend antideutsche Rede gehalten hatte. Elemente ihrer Politik, in der sich werbendes Entgegenkommen mit verschärftem Druck verband, waren die Reise von Sumner Welles, dem Unterstaatssekretär im *State Department*, Ende Februar 1940 nach Rom, der demonstrativ die antideutschen Kreise stärkte, aber auch die Sperrung des Seeweges für die Einfuhr deutscher Kohle nach Italien.

In dieser Situation war es Hitler, der die erste sich bietende Gelegenheit zum Handeln ergriff. Am 10. März traf Ribbentrop in Rom ein, um die Antwort auf das seit Jahresbeginn unerwidert gebliebene Schreiben Mussolinis zu übergeben und die Zusage zu übermitteln, dass Deutschland den gesamten Kohlebedarf Italiens durch Lieferungen auf dem Landwege abdecken werde. In seinem Brief an den italienischen Diktator zeigte sich Hitler siegesgewiss für den nahenden Krieg gegen den Westen und umwarb seinen Bündnispartner. Auch wenn er in den »schwersten Kampf in der deutschen Geschichte« ginge, in dem es sich um »Sein oder Nichtsein handelt«, so glaube er, dass der Ausgang dieses Krieges auch die Zukunft Italiens entscheide, dem bei der »Sicherung des Daseins« schließlich »die gleichen Gegner gegenüberstehen [werden], die Deutschland heute bekämpfen«.[7]

Mussolini, der den westlichen Druck als Provokation empfunden hatte, schwenkte daraufhin mit demonstrativer Kriegsentschlossenheit an Hitlers Seite. Italien könne zwar keinen langen Krieg führen, werde aber an der entscheidenden Phase teilnehmen, müsse sich jedoch das Datum des Eingreifens vorbehalten, ließ er übermitteln. Eine Woche darauf, bei einem von Ribbentrop verabredeten Zusammentreffen der beiden Diktatoren auf dem Brenner, wiederholte Mussolini seine Zusage gegenüber Hitler. Dieser wiederum ließ seinen Waffenpartner über die längst in Gang gesetzten Vorbereitungen für den nächsten Feldzug gänzlich im Unklaren.

Anfang April 1940 nämlich begann der als »Unternehmen Weserübung« geplante Angriff Deutschlands auf Dänemark und Norwegen, der nach heftigen Kämpfen mit der Kapitulation des norwegischen Heeres am 10. Juni 1940 abgeschlossen war. Die Erfolge der militärischen Aktion stärkten Mussolinis Vertrauen in die Schlagkraft der Wehrmacht. So ließ er Hitler, »sichtlich in Hochstimmung« versetzt, seine »Bewunderung für die Ereignisse im Westen in herzlichster Form« übermitteln.[8]

Zuvor hatte Hitler bereits die militärischen Planungen für den Angriffskrieg im Westen bei seinen Generälen in Auftrag gegeben. Ab dem 10. Mai 1940 als sogenannter »Sichelschnitt« (Churchill) gegen die drei neutralen Staaten Niederlande, Belgien und Luxemburg in Richtung Frankreich ausgeführt, war der Westkrieg mit der Unterzeichnung des deutsch-französischen Waffenstillstandes schon am Abend des 22. Juni 1940 siegreich beendet. In einer demütigenden symbolischen Geste – die Hitler als Wiedergutmachung für die schmachvolle Niederlage im Ersten Weltkrieg inszenierte und die sein »Feldherrngenie« herausstellen sollte – nahm er in jenem Salonwagen und auf jener Lichtung im Wald von Compiègne den französischen Waffenstillstand entgegen, in dem am 11. November 1918 die Waffenstillstandsbedingungen des Ersten Weltkriegs unterzeichnet worden waren.

Damit zelebrierte der Diktator seinen größten Triumph, der zugleich den Zenit seiner Popularität in Deutschland markierte. Selbst Hassell, der das nationalsozialistische Regime längst ablehnte, musste einräumen, dass niemand »die Größe des von Hitler erreichten Erfolges bestreiten« könne. »Man könnte verzweifeln unter der Last der Tragik, sich an den Erfolgen nicht freuen zu können.«[9]

Diese »Erfolge« bestanden in einer Ausdehnung der deutschen Herrschaft über Nord- und Westeuropa, die Himmler bereits als Geburtsstunde des »Großgermanischen Reiches« feierte: »So, wie aus dem Jahre 1866 das Reich Bismarcks entstand, so wird aus dem heutigen Tage das Großgermanische Reich entstehen«, erklärte er am ersten Tag des Skandinavienkriegs vor seinen engsten Mitarbeitern.[10] Doch Himmlers mystische Vision, »alles nordische Blut in der Welt an uns heranzuziehen«, fand nur wenig

Widerhall in der unterdrückten Bevölkerung der eroberten Länder, so dass die deutsche Herrschaft nirgendwo über den Status einer Besetzung hinausgelangte.

Und dennoch: Bei aller Verwerflichkeit der von Unterdrückung und Repressalien, Zwang und Bedrohung, Gewalt und Vergeltungsmaßnahmen geprägten Besatzungspolitik im Westen bestanden fundamentale Unterschiede zur Terrorherrschaft im Osten. Letztere war von Beginn an durch Ausrottung der gesellschaftlichen und geistigen Elite, durch »ethnische Säuberungen« und Gettoisierung sowie durch eine gewaltige Bevölkerungsverschiebung gekennzeichnet. Die Gründe für dieses unterschiedliche Vorgehen waren hauptsächlich rassenideologischer, aber auch wirtschaftlicher und strategischer Natur. Dass etwa die in Polen ausgeübte verbrecherische Praxis nicht auf das »Protektorat Böhmen und Mähren« ausgedehnt wurde, lag vor allem daran, dass nur mit der bestehenden Verwaltung die rüstungswirtschaftliche Kraft des Landes für die deutsche Wehrwirtschaft ausgebeutet werden konnte.

Dieses Beutemotiv galt ebenso für die Länder im Norden und Westen Europas, denen – etwa in Form der skandinavischen Rohstoffe – kriegswichtige Bedeutung zukam. Letztlich blieb deshalb auch hier die Besatzungspolitik eine auf Waffengewalt gestützte Beherrschung, zumal für diese Regionen – anders als mit den Germanisierungs- und Lebensraumplänen im Osten – kein Herrschaftskonzept existierte. Zwar wurden im Auswärtigen Amt, im Reichswirtschaftsministerium und auch in der deutschen Industrie verschiedene Entwürfe für einen »Großwirtschaftsraum« entwickelt.

Geltungskraft erlangten sie aber alle nicht, da Hitler kein »konstruktives« Programm zur europäischen Neuordnung besaß, sondern nur in den Bahnen einer auf Macht und Gewalt gegründeten Ordnung dachte: »Wir können die Erfolge dieses Feldzuges nur mit den Kräften erhalten, mit denen sie errungen wurden, also mit militärischer Gewalt«[11], räsonierte er nach dem Ende des Frankreichkriegs.

Weltpolitisches Szenario

Als Hitler im Triumph der deutschen Waffenerfolge dem geschlagenen Frankreich das Kolonialreich und die Flotte beließ, ging dies vor allem auf seinen Wunsch nach einem Ausgleich mit London zurück. Doch seine Hoffnung, dass ein auf sich allein gestelltes Großbritannien in den Frieden mit Deutschland einwilligen müsste, war zwischenzeitlich eindrucksvoll widerlegt worden. In seinem als »Blut, Schweiß und Tränen«-Rede bekannt gewordenen Appell hatte der seit Mai 1940 amtierende britische Premierminister Winston Churchill seine Landsleute auf die Härten, Nöte und Entbehrungen des Krieges mit Deutschland eingeschworen. Somit wurden die deutschen Siege über Polen und Frankreich nicht der Auslöser für ein Einschwenken Großbritanniens, sondern nur der Antrieb für eine stärkere Entschlossenheit der Briten zum Kampf gegen das Reich – eine Entwicklung, mit der Hitler nicht gerechnet hatte. Mit den Worten, »wir suchen Fühlung mit England auf der Basis der Teilung der Welt«[12], hatte er bereits mitten im Frankreichfeldzug seinen Grundgedanken skizziert. In dieser Sicht konnte London keine andere Wahl als die deutsch-britische Verständigung bleiben, mit der Hitler immerhin Frieden und eine deutsche Bestandsgarantie für das Empire anbot. Zumal die USA, so seine Annahme, auf die englische Erbfolge einzurichten begannen, bliebe Großbritannien doch nur der Ausweg in einen »vernünftigen Friedensschluß« mit Deutschland, so dass der Diktator dann »endlich die Hände frei« haben würde für seine »große und eigentliche Aufgabe: die Auseinandersetzung mit dem Bolschewismus«.[13]

Allein, diese Prognose, die ihm während des siegreichen Frankreichfeldzugs kaum noch bezweifelbar erschienen war, bewahrheitete sich nicht. Damit allerdings ergab sich für Hitler das Problem, gegen Großbritannien Krieg führen zu müssen und doch nicht zu wollen. »Er rechnet also damit, England mit Gewalt zum Frieden zwingen zu müssen. Er tut so etwas aber nicht gern«, notierte Halder in seinem Kriegstagebuch. »Begründung: Wenn wir England militärisch zerschlagen, zerfällt das britische Weltreich. Davon hat aber Deutschland keinen Nutzen. Wir würden mit deutschem Blut etwas erreichen, dessen Nutznießer nur Japan, Amerika und andere sind.« Diesem Dilemma versuchte Hitler mit einer Verlegenheitslösung zu entkommen: Widerstrebend und zögerlich erteilte er den Befehl zur Vorbereitung der Landung auf der britischen Insel. Bezeichnenderweise heißt es in seinem Einsatzbefehl zum »Unternehmen Seelöwe«: »Da England, trotz seiner militärisch aussichtslosen Lage, noch keine Anzeichen einer Verständigungsbereitschaft zu erkennen« zeige, habe er sich »entschlossen, eine Landungsoperation gegen England vorzubereiten, und, wenn nötig, auch durchzuführen«. Doch als die unverzichtbare Lufthoheit über den Süden Englands nicht errungen werden konnte, vertagte Hitler das geplante Invasionsunternehmen, das wohl ohnehin eine strategische Notoption war. Insgeheim spekulierte er nämlich darauf, dass England allenfalls noch einer »Demonstration unserer militärischen Gewalt« bedürfe, »ehe es nachgibt und uns den Rücken frei läßt für den Osten«.[14]

Großbritannien lenkte jedoch in keinen Frieden ein, der Deutschland einen Krieg im Osten erlaubte. Seit Juli 1940 zielten Hitlers Planungen aber genau auf diesen Angriffskrieg gegen die Sowjetunion, der ihm ideologisch unausweichlich, militärisch notwendig und taktisch geboten schien. Vom Nimbus der »Blitzkriege« beflügelt, sollte dieses eigentliche Ziel in einem »Weltblitzkrieg«[15] erreicht werden. Gegenüber dem Krieg im Westen sei der anvisierte im Osten nur »ein Sandkastenspiel«[16], lautete seine Prognose, die sich nicht nur aus ideologischer Verblendung und der Selbstüberschätzung nach den deutschen Waffenerfolgen, sondern auch aus den von Rückschlägen des sowjetischen Kriegs gegen Finnland vom Winter 1939/40 speiste. Dass die Wehrmacht über die Rote Armee triumphieren würde, die nach Stalins »Säuberungsaktion« der Jahre 1937/1938 geschwächt war, schien Hitler jedenfalls unzweifelhaft. Damit wurde der Sieg über die Sowjetunion zum dogmatischen Ziel und zum strategischen Mittel zugleich. Wie Halder in seinem Kriegstagebuch schrieb, beschäftige Hitler »am stärksten die Frage, warum England den Weg zum Frieden noch nicht gehen will. Er sieht ebenso wie wir die Lösung der Frage darin, daß England noch eine Hoffnung auf Rußland hat.«[17] Über den Sieg im Osten schließlich Großbritannien zum Einlenken zu zwingen, um indirekt auch die USA vom befürchteten Eingreifen abzuhalten, war das machtpolitische Kalkül in Hitlers globaler Strategie, das er in einer »Führerbesprechung« im Juli 1940 entwarf: »Englands Hoffnung ist Rußland und Amerika. Wenn [die] Hoffnung auf Rußland wegfällt, fällt auch Amerika weg, weil [auf den] Wegfall Rußlands eine Aufwertung Japans in Ostasien in ungeheurem Maß folgt. [...] Ist aber Rußland zerschlagen, dann ist Englands letzte Hoffnung getilgt. Der Herr Europas und des Balkans ist dann Deutschland. Entschluß: Im Zuge dieser Auseinandersetzung muß Rußland erledigt werden.«[18]

Dementsprechend trieb Hitler die Vorbereitungen für den Angriff auf die Sowjetunion voran, um den in »verkehrter Frontstellung« begonnenen Krieg nun auf den rassenideologischen Grundgedanken des Ostkriegs auszurichten und um der misslichen Konstellation einer geschlossenen Front der angelsächsischen Länder zu entgehen. Die USA würden in einer Art europäischer Monroe-Doktrin unter der Parole »Amerika den Amerikanern, Europa den Europäern« schließlich das deutsche Kontinentalimperium anerkennen müssen. Für dieses Ziel kam es Hitler darauf an, »daß wir 1941 alle kontinentaleuropäischen Probleme lösen müßten, da ab 1942 [die] USA in der Lage wären, einzugreifen«.[19]

Neben die Überlegung, Amerikas Kriegseintritt durch eigenes schnelles Handeln zu verhindern, trat die Hoffnung, die USA als militärisch und wirtschaftlich stärkste Macht mittels der Bedrohung durch Japan im pazifischen Raum abzuschrecken, angelsächsische Kräfte also in Ostasien zu binden. »Wenn wir überhaupt die USA aus dem Krieg heraushalten könnten, dann nur durch die Vernichtung Rußlands und dann nur, wenn Japan und Deutschland eiskalt und eindeutig auftreten«[20], lautete Hitlers Gedanke, in dem sich Kriegsplanungen und Außenpolitik trafen.

Die in den Dienst des Krieges gestellte Außenpolitik fand ihren charakteristischen Ausdruck in dem am 27. September 1940 unterzeichneten »Dreimächtepakt« zwischen Deutschland, Japan und Italien, der auf eine Initiative Hitlers zurückging. Darin grenzten die Unterzeichnerstaaten ihre Interessensphären ab und verpflichteten sich zur militärischen Bündnishilfe im Falle eines Konflikts mit einer bislang am Krieg nicht beteiligten Macht, was freilich hauptsächlich auf die USA abzielte. Das Zustandekommen des Vertrages zeigte die mit den Kriegserfolgen enorm gewachsene Bedeutung des zur europäischen Führungsmacht aufgestiegenen Reiches. Japan, das nach dem deutsch-sowjetischen Vertrag auf Distanz gegangen war, näherte sich Deutschland wieder an. Italien war bereits am 10. Juni 1940 an der Seite des Achsenpartners in den Krieg gegen Frankreich eingetreten, um sich, wie Weizsäcker voll Spott bemerkte, als »Erntehelfer«[21] zu betätigen. Hitler hatte einer Besetzung von französischem Gebiet bis zur Rhone durch Italien zugestimmt, aber Mussolini den Wunsch ausgeschlagen, an dem Waffenstillstandsabkommen mit Frankreich beteiligt zu werden. Mit Blick auf die psychologische Wirkung, die ein scheinbar großmütiger Frieden auf Franzosen und Engländer ausstrahlen würde, hatte er sich gegen die weitreichenden Annexionsträume seines italienischen Achsenpartners gestellt. Der enttäuschte Mussolini musste erkennen, dass Hitler ihm im Grunde nur eine Statistenrolle zudachte und ihn über seine Kriegsplanungen weithin im Unklaren ließ.

Von Hitlers nächstem Schritt jedenfalls wurde Mussolini völlig überrascht. Am 8. Oktober 1940, vier Tage nach einer Zusammenkunft der beiden Diktatoren auf dem Brenner, erreichte den verblüfften Mussolini die Nachricht, dass deutsche Truppen nach Rumänien entsandt worden waren. Hitler war damit einem Gesuch des rumänischen Staatschefs Ion Antonescu nachgekommen, der sich den Territorialansprüchen Ungarns, Bulgariens und der Sowjetunion erwehren wollte. Der deutsche Vorstoß, der die rumänischen Erdölgebiete sicherte, kollidierte jedoch mit den Absichten Mussolinis, der den Balkan als italienisches Interessengebiet reklamierte.

Die fortgesetzte deutsche Politik der Fait accomplis verstärkte den Drang des impulsiven »Duce«, überstürzt und ohne Absprache mit Hitler einen bereits vorbereiteten Militärschlag gegen Griechenland zu eröffnen. Ende Oktober 1940 griffen italienische Verbände vom okkupierten Albanien aus Griechenland an, das, so Mussolinis Plan, in einem »Blitzkrieg« niedergeworfen werden sollte. Doch schon Anfang November gingen die Griechen zur Gegenoffensive über und zur Monatsmitte war die italienische Armee in die Ausgangsstellung zurückgeworfen. Bald sah sich Hitler zu Truppenentsendungen gezwungen, um seinen Bundesgenossen auf dem Balkan und später auch in Nordafrika zu unterstützen, wo englische Verbände im Dezember 1940 eine Offensive starteten. Mussolini wiederum geriet so immer mehr in eine von Deutschland abhängige Position.

Während schon das deutsch-italienische Verhältnis 1940 von wenig Einverständnis geprägt schien, so waren die deutsch-sowjetischen Beziehungen längst unverkennbar von einer angespannten Nervosität gekennzeichnet. Der schnelle Verlauf des Frankreichfeldzugs hatte in Moskau überraschte Besorgnis ausgelöst. Zudem hatte die deutsche Garantie für Rumänien Stalin verstimmt, da die Sowjetunion ihre Ansprüche im Balkanraum betroffen sah und – anders als im Moskauer Vertrag vom August 1939 verabredet – nicht konsultiert worden war, weshalb sowjetische Truppen einige strategisch wichtige Inseln an der Donaumündung besetzten. Noch bevor der von Ribbentrop eingeladene Regierungschef und Außenminister Molotow am 12. November 1940 in Berlin eintraf, ließ Moskau keinen Zweifel daran aufkommen, dass die Sowjetunion weitere Territorien Südosteuropas im Gegenzug für ihre prodeutsche Haltung einfordern würde. Weitaus wichtiger als Verlauf und Ergebnis der

Berliner Verhandlungen waren allerdings die Vorzeichen, unter denen sie geführt wurden: »Gleichgültig, welches Ergebnis diese Besprechungen haben werden«, so Hitlers geheime Weisung am Rande der Gespräche, seien alle »schon mündlich befohlenen Vorbereitungen für den Osten fortzuführen«. Die genaue Absicht der bereits eingeleiteten militärischen Vorbereitungen ging aus dem Angriffsbefehl hervor, den er dann einen Monat später in seiner Weisung für den »Fall Barbarossa« erteilte: »Die Deutsche Wehrmacht muß darauf vorbereitet sein, auch vor Beendigung des Krieges gegen England Sowjetrußland in einem schnellen Feldzug niederzuwerfen.«[22]

Zur Vorbereitung dieses Krieges forcierte Hitler nunmehr seine Kriegsbündnisplanungen. Als Ende März 1941 in Belgrad ein Militärputsch die bisherige Regierung stürzte, die zuvor erst auf deutschen Druck und nach langen Verzögerungen eine Beitrittserklärung zum »Dreimächtepakt« abgegeben hatte, ließ Hitler den zur Unterstützung Italiens geplanten Krieg gegen Griechenland um einen Feldzug gegen Jugoslawien erweitern. Italien sagte umgehend seine Unterstützung zu, und auch Ungarn wurde gezwungen, sich dem am 6. April begonnenen Balkanfeldzug anzuschließen. Nach elf Tagen kapitulierte Jugoslawien, Griechenland nach 15. Somit war zugleich der für den Angriff auf die Sowjetunion notwendige Flankenschutz gesichert. Das zerschlagene Jugoslawien wurde unter Italien und jenen Satellitenstaaten der »Achse« aufgeteilt, die dem »Dreimächtepakt« beigetreten waren: Ungarn, Rumänien und die Slowakei bereits im November 1940, Bulgarien im März 1941. Der neu geschaffene Staat Kroatien folgte im Juni 1941.

Wie in der raschen Abfolge, in der vor allem die Staatsoberhäupter aus dem Südosten Europas nach Berlin kamen, um in einem Ausgleich mit dem Reich als Schutzmacht die Integrität ihres Landes zu bewahren, so zeigte sich auch in dem Zulauf zum »Dreimächtepakt« die machtpolitische Aufwertung Deutschlands. Um ein koordiniertes Kriegsbündnis, das gar abschreckende Wirkung zu entfalten vermochte, handelte es sich dabei allerdings nicht: Spätestens am 18. Februar 1941, als der US-Kongress ein Leih- und Pachtgesetz verabschiedete, das es der nicht Krieg führenden Macht erlaubte, an Großbritannien und andere Staaten Kriegsmaterial zu verkaufen oder zu verleihen, war klar, dass die USA sich nicht einschüchtern ließ. Mit Kanada, das sich seit dem 10. September 1939 mit Deutschland im Krieg befand, hatte der Nachbarstaat bereits im August 1940 ein Verteidigungsbündnis geschlossen. Was die Binnenperspektive anbelangte, so machten die ganz unterschiedlichen Interessen der Hauptpartner den »Dreimächtepakt« von Anfang an brüchig. Wie die Japaner die Deutschen über ihre Geheimverhandlungen mit den USA im Unklaren ließen, die um einen Modus Vivendi in Asien kreisten, so wenig weihte auch Hitler den japanischen Außenminister Matsuoka Yōsuke in seine Angriffspläne auf die Sowjetunion ein, als dieser Ende März 1941 in Berlin weilte. Zur völligen Überraschung Berlins schlossen Japan und die Sowjetunion wenige Tage später einen Nichtangriffspakt, der gewissermaßen dem deutschen Schritt vom August 1939 entsprach.

Sowohl das japanische Kaiserreich als auch das Deutsche Reich folgten jedenfalls in erster Linie ihren eigenen Planungen, und in der Tat vermochte Hitler weder auf die Handlungen noch auf die zeitlichen Planungen des japanischen Dreimächtepakt-Partners maßgeblichen Einfluss auszuüben. Auch später blieb das Drängen, mit dem Deutschland das japanische Kaiserreich zum Eintritt in den Krieg mit der Sowjetunion zu bewegen versuchte, erfolglos. Während Roosevelt und Churchill im Laufe des Krieges zu mehr als einem Dutzend Konferenzen zusammenkamen und parallel regelmäßige Besprechungen zwischen den Außenministern und Militärs stattfanden, während schließlich auch Stalin von den Angelsachsen hinzugezogen wurde, war der »Dreimächtepakt« im Grunde keine koordinierte Kriegsallianz. Japan und Deutschland handelten weitgehend autonom; für Italien, das durch den eigenmächtig gestarteten und gescheiterten Griechenlandfeldzug auf deutsche Hilfe angewiesen war, musste Mussolini bei einem Zusammentreffen mit Hitler im

Januar 1941 das Ende des italienischen »Parallelkrieges« erklären. Seither war Italien nur noch untergeordneter Partner in der deutschen Kriegsstrategie, so dass der nächsten Besprechung der Diktatoren Anfang Juni 1941 eher der Charakter einer Orientierung Mussolinis über die von Hitler gefassten Entschlüsse zukam. Bei dieser Unterredung unterschlug er – einmal mehr – die volle Wahrheit über seinen kurz bevorstehenden nächsten Schritt: den Angriff auf die Sowjetunion.

Vernichtungskrieg und Weltkriegsplanungen

In den frühen Morgenstunden des 22. Juni 1941 begann jener »Weltanschauungskrieg«, auf den Hitler sich seit den 1920er Jahren dogmatisch festgelegt hatte. Als Krieg zur Vernichtung des »jüdischen Bolschewismus«, zur Eroberung von Lebensraum sowie zur Ausbeutung von Sklavenarbeit und Rohstoffvorkommen geplant, hatte der Diktator dessen verbrecherische Zielsetzung und Qualität bereits zuvor bestimmt. Es sei, so Hitler, der »Kampf zweier Weltanschauungen gegeneinander. Vernichtendes Urteil über Bolschewismus, ist gleich asoziales Verbrechertum, Kommunismus ungeheure Gefahr für die Zukunft. Wir müssen von dem Standpunkt des soldatischen Kameradentums abrücken. Der Kommunist ist vorher kein Kamerad und nachher kein Kamerad. Es handelt sich um einen Vernichtungskampf.«[23] Diesem offen ausgesprochenen Kriegsziel entsprach der am 13. Mai erteilte »Erlaß über die Ausübung der Kriegsgerichtsbarkeit«, durch den der militärgerichtliche Verfolgungszwang bei Straftaten von Wehrmachtangehörigen gegen sowjetische Zivilpersonen aufgehoben wurde – auch dann, »wenn die Tat zugleich ein militärisches Verbrechen oder Vergehen ist«. Nach den nur wenige Tage später, am 6. Juni, erlassenen »Richtlinien für die Behandlung politischer Kommissare« waren außerdem die im Kampf ergriffenen Politoffiziere nicht als Kriegsgefangene zu behandeln, sondern ohne Verhandlung »grundsätzlich sofort mit der Waffe zu erledigen«.[24]

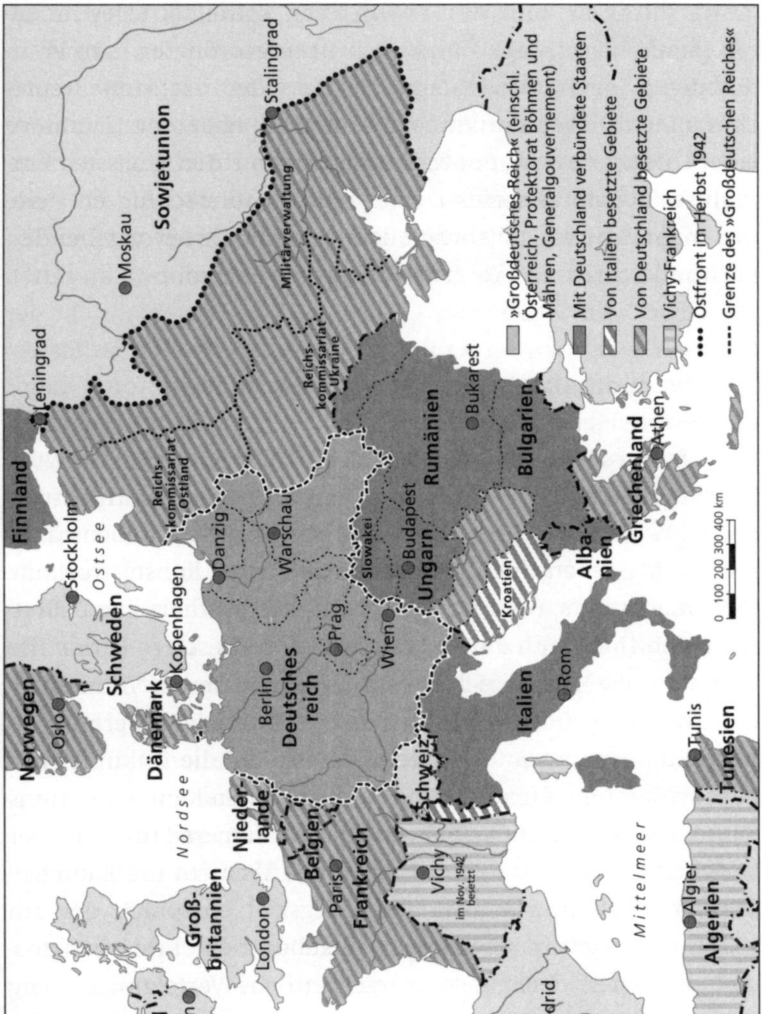

Die Mächteverhältnisse in Europa Ende 1942.

Auf solche Art und Weise vorbereitet, sollte der Krieg im Osten jenen Ausrottungscharakter annehmen, der ihn vom Westfeldzug so grundsätzlich unterschied. Ganz im Sinne seines weltanschaulichen Denkmusters eröffnete Hitler den Zuhörern seiner »Monologe im Führerhauptquartier«, der Krieg sei nunmehr »zur Urform seines Daseins zurückgekehrt: An die Stelle von Völkerkriegen tritt aufs neue der Raumkrieg. [...] Die Völkerwanderung war vom Osten ausgegangen; von nun an fluten die Völker von Westen nach Osten zurück. Das entspricht der Natur, es ewig neu im Kampf zur Auslese kommen zu lassen: Das Gesetz des Daseins fordert ununterbrochenes Töten damit das Bessere lebt.«[25]

Während die Einsatzgruppen der SS in den eroberten Gebieten ihren mörderischen »Sonderaufgaben« nachgingen und systematisch die jüdischen Einwohner und kommunistischen Funktionäre in Massenerschießungen liquidierten – und sich auch die Wehrmacht entsprechend der Vernichtungsbefehle ihres obersten Befehlshabers in die Mordaktionen verstrickte –, wurde Hitler selbst, wie Mussolini bei einem Besuch in der »Wolfsschanze« beinahe irritiert feststellte, »von einem fast religiösen Eifer beherrscht, Europa vom Bolschewismus zu befreien«[26]. Getrieben vom schieren Eroberungs- und Vernichtungswillen, verschwendete Hitler kaum Gedanken an eine »Nachkriegsordnung«. Folgerichtig gingen seine Pläne bald schon über den europäischen Kontinent hinaus.

Der von raschem, gewaltigen Geländegewinn und umfassenden Kesselschlachten gekennzeichnete Kriegsverlauf, in dem Hunderttausende Soldaten der Roten Armee in deutsche Gefangenschaft gerieten, schien Hitlers Glauben an einen schnellen Feldzug zu bewahrheiten. In siegesgewisser Stimmung entwickelte der Diktator bald schon strategische Überlegungen, die über Ural und Kaukasus hinweg in Richtung Iran und Irak zielten, von wo aus er einen Vorstoß nach Afghanistan unternehmen wollte, um die britischen Truppen in Indien zu bedrohen. Damit glichen seine Planungen jenen Absichten, die er bereits zu Jahresbeginn gegenüber den militärischen Spitzen eröffnet hatte: Die Eroberung Russlands mache Deutschland »unangreifbar«. »Der russische Riesenraum berge unermeßliche Reichtümer. Deutschland müsse ihn wirtschaftlich und politisch beherrschen« und würde damit »über alle Möglichkeiten« verfügen, »in Zukunft auch den Kampf gegen Kontinente zu führen, es könne dann von niemand mehr geschlagen werden«.[27]

Nunmehr schien in den Bereich des militärisch Möglichen zu rücken, was Hitler ursprünglich nachfolgenden Generationen vorbehalten sah: Japan solle in Sibirien einrücken, wie dem japanischen Botschafter vorgeschlagen wurde. Anschließend, nach einem Sieg über die Sowjetunion, könnten sich Deutschland und Japan gemeinsam gegen die USA wenden. Es spricht einiges dafür, dass Hitler in der Euphorie der militärischen Anfangserfolge die nächste Etappe eines Stufenplanes zur Weltherrschaft in Angriff nehmen wollte. Tatsächlich aber war der als »Blitzkrieg« geplante Feldzug gegen die Sowjetunion bereits im Herbst 1941 gescheitert, weil Verzögerungen und Rückschläge einsetzten. Als schließlich am 5. Dezember die »Rote Armee« zur Gegenoffensive überging, bestand für die erhoffte Welteroberung, die ohnehin nie realistisch gewesen war, keinerlei Chance mehr. Ab Herbst 1941 rückte für Hitler wieder seine alte Überzeugung in den Mittelpunkt, dass sich »eine spätere Generation« mit »dem Problem Europa – Amerika auseinanderzusetzen haben« werde.[28]

Dennoch versicherte er auf drängende Nachfrage der Japaner am 28. November dem kaiserlichen Botschafter die Bereitschaft Deutschlands, das Kaiserreich »mit ganzer Kraft« zu unterstützen, »falls in den japanisch-amerikanischen Beziehungen ein Konflikt entstehen sollte«.[29] Ohne nach dem »Dreimächtepakt« dazu verpflichtet zu sein und obgleich die Anfang Dezember gestartete sowjetische Gegenoffensive schnelle Erfolge brachte, erklärte Deutschland dann tatsächlich am 11. Dezember 1941 den USA den Krieg – vier Tage, nachdem die japanische Marine den amerikanischen Militärstützpunkt Pearl Harbor angegriffen hatte. Der Eintritt in diesen Krieg, dessen Beginn er stets hinauszuzögern versucht hatte, entsprach Hitlers Logik: Ohne die Zusage deutscher Unterstützung hatte die Gefahr bestanden, dass Japan vor einem Angriff zurückgeschreckt wäre und eine Verständigungslösung mit den militärisch weit überlegenen Vereinigten Staaten gesucht hätte, die daraufhin ihre Kriegsmacht auf eine Intervention in Europa hätten konzentrieren können. Indem er die Militärkraft der USA spaltete und sie in einen weltweiten Zweifrontenkrieg verwickelt wurde, hoffte Hitler, die Entscheidung auf dem europäischen und dem pazifischen Kriegsschauplatz offen zu halten.

In einer neuerlichen Kraftanstrengung doch noch die Entscheidung im Osten erzwingen zu können oder durch den Kaukasus nach Süden in Richtung Indien vorzustoßen, um Großbritannien zum Einlenken in einen Sonderfrieden zu zwingen, waren die von Hitler gesuchten Auswege aus einer im Grunde aussichtlosen Lage. Eine Möglichkeit der Kapitulation gab es in seinem Denken, das sich nur in den Bahnen von Weltmacht oder Untergang bewegte, nicht.

Judenvernichtung und »Ostimperium«

Schon mit der Vorbereitung des Krieges gegen die Sowjetunion war die Menschenvernichtungspolitik Hitlers in eine neue Phase eingetreten. Himmler hatte am 13. März 1941 »Sonderaufgaben im Auftrag des Führers« erhalten, die angesichts der Ausmaße der ungeheuerlichen Verbrechenspläne in der Mordpraxis bald an ihre Grenzen stießen: Um Millionen von Menschen umzubringen, eigneten sich die hinter der Front verübten Massenerschießungen durch die Einsatzgruppen nicht. Bereits im Frühjahr 1940 jedoch hatte der »Judenreferent« im Auswärtigen Amt Franz Rademacher eine aus dem vorigen Jahrhundert stammende Idee aufgegriffen, die Juden aus deutschem Herrschaftsgebiet auf die vor der afrikanischen Ostküste gelegene Insel Madagaskar auszuschiffen, auf der sie – im tropischen Klima und ohne lebensnotwendige Infrastruktur – ihrem Schicksal überlassen werden sollten. Der Krieg im Osten eröffnete nun allerdings die Möglichkeit, »andere Territorien für die Endlösung zur Verfügung zu stellen«, so dass »die Juden nicht nach Madagaskar, sondern nach dem Osten abgeschoben werden sollen«.[30]

Wie eng Judenvernichtung und Krieg zusammenhingen, zeigen die einzelnen, einander bedingenden Etappen des Verlaufs beider. Mit dem sich Ende 1940 herausbildenden Entschluss Hitlers, die Sowjetunion im Frühjahr 1941 angreifen zu lassen, fällte er auch die Entscheidung, »nach dem Kriege die Judenfrage innerhalb des von Deutschland beherrschten oder kontrollierten Teiles Europas einer endgültigen Lösung«[31] zuzuführen. Nur Tage nach dem Überfall auf die Sowjetunion erging die Weisung an Reinhard Heydrich, den Chef der Sicherheitspolizei und des Sicherheitsdienstes der SS (SD), »alle erforderlichen Vorbereitungen« zu treffen »für eine Gesamtlösung der Judenfrage im deutschen Einzugsgebiet in Europa«.[32] Diese Ermächtigung leitete endgültig über zur dritten und letzten Etappe – der systematischen, industrialisierten Vernichtungspraxis –, die das zweite Ziel von Hitlers vermeintlicher »historischer Mission« war. In nicht zu übersehender Deutlichkeit hingen für ihn die Ausrottung von Bolschewismus und Judentum mit dem Lebensraumkrieg zusammen; sie bedingten einander in der Weise, die der in *Mein Kampf* skizzierten Ideologie vom Lebenskampf folgte.

Als zwei Monate später, im August 1941, Roosevelt und Churchill eine Atlantik-Charta vereinbarten, in der sie sich auf die »endgültige Vernichtung der Nazi-Tyrannei« als gemeinsames Ziel festlegten, verloren taktische Rücksichten für Hitler jede Gültigkeit. Da die Juden Westeuropas ihre »Geiselfunktion« verloren hatten, verfolgte er nun die Vernichtung aller europäischen Juden noch während des Krieges. Beinahe bewundernd schrieb Goebbels in sein Tagebuch, Hitlers »damalige Prophezeiung im Reichstag [...] bewahrheitet sich in diesen Wochen und Monaten mit einer fast unheimlich anmutenden Sicherheit«[33]. Die unter dem Eindruck der militärischen Erfolge aufkommende Aussicht, die Eroberung von Lebensraum und die Ausrottung der Juden gemeinsam verwirklichen zu können, gaben für Hitler den Anstoß, diese beiden Ziele gleichzeitig anzugehen. Die systematische Tötung von Juden begann daher nicht vor dem Hintergrund eines zweifelhaft gewordenen deutschen Sieges, sondern auf dem Höhepunkt der Siegeszuversicht.

Einen schriftlichen Befehl Hitlers zur Judenvernichtung gab es offenbar nicht – und es konnte diesen wohl auch nicht geben, nachdem der »Euthanasie-Erlass«, der den Massenmord an Geisteskranken und Behinderten ins Werk gesetzt hatte, auf öffentliche Proteste vor allem der Kirche – zumindest offiziell – eingestellt wurde. Eine mündliche Weisung Hitlers aber, die nach der Praxis seiner Herrschaft auch viel wahrscheinlicher ist und deren Existenz nach Kriegsende auch Exekutoren der Vernichtung bestätigten, muss es auch deshalb gegeben haben, weil ohne Hitlers Befehl oder Billigung die »Endlösung« – die Vernichtung der europäischen Juden, also auch der nichtdeutschen Staatsbürger – undenkbar ist. Am 13. Dezember 1941, zwei Tage nach der deutschen Kriegserklärung an die USA, notierte Goebbels über eine am Vormittag gehaltene Rede Hitlers vor Reichs- und Gauleitern in sein Tagebuch: »Bezüglich der Judenfrage ist der Führer entschlossen, reinen Tisch zu machen. Er hat den Juden prophezeit, daß, wenn sie noch einmal einen Weltkrieg herbeiführen würden, sie dabei ihre Vernichtung erleben würden. Das ist keine Phrase gewesen. Der Weltkrieg ist da, die Vernichtung des Judentums muß die notwendige Folge sein.«[34] Hitler selbst kam im Jahr 1942 insgesamt vier Mal darauf zu sprechen, dass seine »Prophezeiung« zur Zeit erfüllt werde – so etwa am 24. Februar in einer Botschaft an die Parteigenossen aus Anlass der Parteigründungsfeier: »Meine Prophezeiung wird ihre Erfüllung finden, daß durch diesen Krieg nicht die arische Menschheit vernichtet, sondern der Jude ausgerottet werden wird. Was immer auch der Kampf mit sich bringen, oder wie lange er dauern mag, dies wird sein endgültiges Ergebnis sein.«[35] Nicht auf dem Wege improvisierter und anonym voranschreitender Radikalisierungsprozesse, wohl aber gleitend und schubweise, auf jeden Fall in Abhängigkeit vom Kriegsverlauf und ursächlich auf Hitler zurückgehend, war die physische Vernichtung der Juden also in die Wege geleitet worden – und dies lange, bevor die hochrangigen Vertreter von Reichsbehörden und Parteidienststellen unter Vorsitz von Heydrich am 20. Januar 1942 auf der sogenannten »Wannsee-Konferenz« über bürokratische Koordinations- und Organisationsfragen des Genozids berieten.

Der Vernichtungsvorsatz musste jedoch in Konflikt mit rüstungswirtschaftlichen Interessen geraten, da es der Kriegsindustrie an Arbeitskräften und insbesondere an ausgebildeten Facharbeitern fehlte, während zeitgleich in den Lagern Millionen Menschen umgebracht wurden. Die physische »Endlösung« wurde in dem Maße, wie sie absehbar zum einzig realisierbaren Kriegsziel wurde, gegen alle »Zweckmäßigkeitserwägungen« vorangetrieben. Ließ sich das Ziel, »Lebensraum« zu erobern, nicht verwirklichen, so war mit der Ausrottung der »jüdischen Rasse« immerhin der Vision »arischer Rassenherrschaft« unumkehrbare Dauerhaftigkeit verliehen worden. Die menschenverachtende Zweckrationalität, mit der Bewohner der eroberten Gebiete zum Arbeitseinsatz ins Reich verschleppt wurden, galt somit für die Juden nicht. »Wirtschaftliche Belange sollen bei der Regelung des Problems grundsätzlich unberücksichtigt bleiben«[36], lautete die Anweisung auf eine Anfrage, ob alle Juden ohne Rücksicht auf Alter, Geschlecht und wirtschaftliche Interessen liquidiert werden sollten. Für die Juden bestand der Arbeitseinsatz lediglich in dem mörderischen Zweck »Vernichtung durch Arbeit«: Sie sollten »im Osten zum Arbeitseinsatz kommen [...], wobei zweifellos ein Großteil durch natürliche Verminderung ausfallen wird. Der allfällig endlich verbleibende Restbestand wird, da es sich bei diesem zweifellos um den widerstandsfähigsten Teil handelt, entsprechend behandelt werden müssen, da dieser, eine natürliche Auslese darstellend, bei Freilassung als Keimzelle eines neuen jüdischen Aufbaues anzusprechen ist«[37], lautet die bürokratische Formulierung im »Wannsee-Protokoll«. Die Ausnutzung der Arbeitskraft und die »physische Endlösung« waren zwei Seiten ein und derselben mörderischen Rationalität, die bis in die letzten Kriegsmonate verfolgt wurde. Mehr noch: Je klarer sich der Krieg im Osten gegen das Reich wandte und nachdem der Kriegseintritt der USA Realität geworden war, desto mehr steigerten sich die Ausrottungskapazitäten durch technokratische Organisation und industrielles Morden in den Gaskammern der Vernichtungslager im Osten.

Der Exekutor des mörderischen Rassenwahns selbst sprach diese Zielsetzung des Nationalsozialismus offen aus: Er halte sich »nicht für berechtigt«, so Himmler auf einer Tagung im Oktober 1943 in Posen, nur »die Männer auszurotten – sprich also, umzubringen [!] oder umbringen zu lassen – und die Rächer in Gestalt der Kinder für unsere Söhne und Enkel groß werden zu lassen. Es mußte der schwere Entschluß gefaßt werden, dieses Volk von der Erde verschwinden zu lassen.«[38] Himmler war es, der im Ganzen den verbrecherischen Rassegedanken seines »Führers« in die Tat umsetzte, über den Hitler bereits auf dem Reichsparteitag 1937 erklärt hatte: »Die größte Revolution aber hat Deutschland erlebt durch die in diesem Land zum erstenmal planmäßig in Angriff genommene Volks- und Rassenhygiene. Die Folgen dieser deutschen Rassenpolitik werden entscheidender sein für die Zukunft unseres Volkes als die Auswirkungen aller anderen Gesetze. Denn sie schaffen den neuen Menschen. Sie werden unser Volk davor bewahren, wie so viele geschichtliche traurige Vorbilder anderer Rassen an der Unkenntnis einer einzigen Frage das irdische Dasein für immer zu verlieren.«[39] Judenvernichtung, »Euthanasie«, »Rassenhygiene« und »Rassenreinerhaltung«: All das entsprach dem Vorhaben zur Schöpfung des »neuen Menschen«, einer neuen »Herrenrasse«, die den Lebensraum im Osten kriegerisch erobern und verteidigen sollte. Die Grundzüge der zukünftigen »Ostpolitik« skizzierte der am 15. Juli vorgelegte »Generalplan Ost«. Darin war eine gigantische Bevölkerungsverschiebung und »Umvolkung« in Osteuropa vorgesehen. Konkret war geplant, das gesamte »Generalgouvernement« mitsamt dem Baltikum, Galizien, Weißruthenien und Teilen der Ukraine zu germanisieren. Innerhalb von höchstens 30 Jahren sollten 31 Millionen Menschen der dort lebenden Bevölkerung nach Westsibirien vertrieben, 14 Millionen »germanisierbare« Fremdvölkische eingedeutscht und fünf Millionen deutsche Kolonisten angesiedelt werden. Am Folgetag präsentierte Hitler seinen Plan zur Errichtung der vier »Reichskommissariate« Ukraine, Ostland, Moskowien und Kaukasien, wodurch die Krim, das Baltikum und Galizien Reichsgebiet werden sollten; außerdem die Wolga-Kolonie – also der Siedlungsbereich der Wolgadeutschen – und das Gebiet um Baku mit seinen reichen Erdölfeldern am Kaspischen Meer.

Von den angedachten »Reichskommissariaten« blieben die zwei letzten lediglich Planspiele, während die beiden anderen im Sommer 1941 errichtet wurden. Der als Reichsminister für die besetzten Ostgebiete nominell zwar zuständige, faktisch aber weithin einflusslose Ideologe Rosenberg scheiterte jedoch mit seinen Versuchen, der Ukraine eine gewisse Autonomie zu gewähren, um antibolschewistische Kräfte für eine Zusammenarbeit gegen die Sowjetunion zu gewinnen. Nach Hitlers Willen nämlich sollten die Ukraine allein zur Ausbeutung und deren Bewohner zur Sklavenarbeit herangezogen werden. Dafür wurde Himmler die »politische Sicherung der neubesetzten Ostgebiete« übertragen, der damit die entscheidenden Exekutivbefugnisse erhielt.

Nunmehr sollte die SS, die im Innern des Reiches längst alle Ebenen des Staates dominierte, ihre Herrschaft auch auf die unterworfenen Ostgebiete ausdehnen. Dass das vom »Reichsführer SS« erträumte »germanische Reich« – dem »das germanisch-gotische Reich bis zum Ural, und vielleicht dann auch noch das gotisch-fränkisch-karolingische Reich«[40] folgen würden – ein SS-Staat sein musste, in dem eine revolutionäre Vernichtungs- und Züchtungspolitik zur schrecklichen Realität werden sollte, war die gemeinsame Vision von Hitler und Himmler.

Totaler Krieg und totale Niederlage

Die Kapitulation der 6. Armee in Stalingrad Ende Januar/Anfang Februar 1943 markiert den wohl entscheidenden psychologischen Wendepunkt im Zweiten Weltkrieg. Mit ihrem Untergang war der Siegesnimbus der Wehrmacht endgültig zerstört und in der deutschen Bevölkerung der Glaube an den »Endsieg« fast vollständig geschwunden. Die strategische Initiative ging an allen Fronten auf die deutschen Kriegsgegner über. Außenpolitische Handlungsspielräume gab es folglich ebenso immer weniger: Nach der alliierten Landung auf Sizilien im Juli 1943 sprach – was auf die Unterschiedlichkeit der verwandten faschistischen Diktaturen verweist – der Faschistische Großrat dem »Duce« das Misstrauen aus, den daraufhin der König verhaften ließ. In einer von Hitler befohlenen Aktion wurde Mussolini befreit und an die Spitze des im Norden Italiens errichteten und von deutschen Truppen besetzten Marionettenstaats »Republik von Salò« gestellt. Italien aber schloss im September 1943 einen Waffenstillstand mit den Alliierten.

Die Zeit der militärischen Siege des Reiches war jedoch endgültig zu Ende, die Niederlage absehbar und unabwendbar. Im Grunde konnte sie durch den von Goebbels im Februar 1943 propagierten »totalen Krieg« nur noch verzögert werden. »Wollt ihr den totalen Krieg? Wollt ihr ihn, wenn nötig, totaler und radikaler, als wir ihn uns heute überhaupt erst vorstellen können?«[41], lauteten die einem ausgewählten Publikum zugebrüllten Phrasen, die mit stürmischem Jubel erwidert wurden. Die entfesselte Gewalt dieses Krieges schlug nun immer mehr auf Deutschland zurück, dem Hitler, seinem Dogma vom Kampf um »Alles oder Nichts« entsprechend, nun auch die Deutschen überantworten wollte. Gelang der Sieg, ersetzte er Opfer, Ressourcen und Entbehrungen. Ging der Krieg verloren, fielen die Verluste ohnehin nicht ins Gewicht, da mit dem Sieg des Gegners der eigene Untergang verbunden war.

Je länger der Krieg dauerte, umso deutlicher trat der selbstmörderische Charakter der Parole »Sieg oder Untergang« hervor.

Unter dem Eindruck des stockenden Vormarsches im Osten, durch den das gesamte »Blitzkriegkonzept« gescheitert war, hatte Hitler erstmals im November 1941 in aller Deutlichkeit die Kehrseite seines sozialdarwinistischen Denkens offenbart: »Wenn das deutsche Volk einmal nicht mehr stark und opferbereit genug sei, sein eigenes Blut für seine Existenz einzusetzen, so soll es vergehen und von einer anderen, stärkeren Macht vernichtet werden.« Dennoch prognostizierte er zur gleichen Zeit über den Kriegsverlauf, dass »die Erkenntnis, daß die beiden Feindgruppen sich nicht vernichten können, zu einem Verhandlungsfrieden«[42] mit Großbritannien führen müsse, der die Bedrohung im Westen auflösen und die Konzentration nach Osten ermöglichen würde.

Auch im Folgejahr 1942, beflügelt von den nochmaligen Vorstößen der Wehrmacht in den Frühjahrs- und Sommermonaten, galt Hitlers Gedanke der Eroberung und Verteidigung eines großen rohstoffreichen Raumes im Osten, »von dem aus der Krieg noch jahrelang fortgeführt werden« könne. Mit der Aussicht, dass Deutschland nicht besiegbar sei, würden die Westmächte schließlich in einen Friedensschluss einlenken müssen, der die Konzentration aller Kräfte für einen Sieg im Osten ermöglichen würde, so Hitlers Kalkül. Der Gedanke an einen den Krieg beendenden Vergleich schied für Hitler aus; seiner festen Überzeugung nach bestanden »für den Ausgang des jetzigen Krieges nur zwei Möglichkeiten«, nämlich »entweder ein klarer Sieg oder eine restlose Vernichtung«.[43] Da allein der totale Sieg die Existenz sicherte, so der »Fluch des Dogmas«[44], der nun auf die Deutschen zurückfiel, konnte und musste der Kampf bis in den eigenen Untergang fortgesetzt werden: »Wenn der Krieg verloren geht, wird auch das Volk verloren sein. Es ist nicht notwendig, auf die Grundlagen, die das deutsche Volk zu seinem primitivsten Weiterleben braucht, Rücksicht zu nehmen. Im Gegenteil, ist es besser, selbst diese Dinge zu zerstören. Denn das Volk hat sich als das schwächere erwiesen, und dem stärkeren Ostvolk gehört ausschließlich die Zukunft.«[45]

Hitlers Umgebung entwickelte in der sich zuspitzenden Kriegslage indes durchaus Ideen, das schiere Überleben in einem Friedensschluss zu suchen. Über interalliierte Differenzen spekulierend – vor allem über Stalins Verärgerung ob der verzögerten Eröffnung einer zweiten Front im Westen –, schien Goebbels ein Ausgleich mit dem kommunistischen Diktator im Osten eher möglich und wünschenswert als eine Verständigung mit dem »plutokratischen« Gegner im Westen. Ribbentrop hatte seinerseits im Frühjahr 1943 die Gründung eines Bundes verschiedengradig abhängiger und unterworfener Staaten vorgeschlagen und damit Hitlers Unmut erregt. Denn das, was nach Ribbentrops Willen dem Reich zur inneren und äußeren Entlastung dienen sollte, stand im Widerspruch zur Auffassung des Diktators, dass »das Kleinstaatengerümpel, das heute noch in Europa vorhanden ist, so schnell wie möglich liquidiert werden« müsse. Daher besaßen alle – zum Teil auch in einer militärisch noch weitaus günstigeren Lage erwogenen – Möglichkeiten zum Friedensschluss keine wirkliche Realisierungschance. Für Hitler kam ein Verzicht auf die Herrschaft über Europa gar nicht in Frage, da diese der Ausgangspunkt sei, von der »praktisch der Weg zu einer Weltherrschaft vorgezeichnet« sei. »Wer Europa besitzt, der wird die Führung der Welt an sich reißen.«[46] Über das wiederentdeckte Mittel der Diplomatie dem immer näher rückenden Krieg zu entkommen, scheiterte also an der Ablehnung des Diktators, der ausschließlich bereit war, einen von ihm diktierten Frieden zu schließen. Diesen jedoch konnten und wollten die Alliierten nicht akzeptieren.

Im Grunde nämlich wandte sich mit jedem Monat die Kriegslage mehr zugunsten der Sowjetunion, die sich unter diesem Vorzeichen kaum zu einem Friedensschluss mit jener Macht bereit finden würde, von der Tod und Verwüstung in unvorstellbarem Ausmaß ausgegangen waren. Das gleiche galt gewissermaßen auch für Großbritannien, das bereits zuvor in weitaus schlechterer Lage einen Friedensschluss abgelehnt hatte. Folgerichtig verständigten sich Roosevelt und Churchill bei einem

Treffen im marokkanischen Casablanca im Januar 1943 auf die »bedingunglose Kapitulation« des Reiches, nicht zuletzt, um eine Neuauflage der »Dolchstoßlegende« zu verhindern und Deutschland als militärischen sowie als politischen Faktor auszuschalten. Dieses Leitziel alliierter Kriegspolitik entsprach der nachvollziehbaren Absicht, die volle Entscheidungsfreiheit über die Friedensregelung ohne Mitspracherecht des Besiegten zu erhalten. Seine Proklamation war hingegen wenig zweckdienlich, weckte sie doch eher den deutschen Widerstandswillen, als dass es diesen erschütterte. Den meisten Deutschen erschien der Gedanke, sich in einer »bedingungslosen Kapitulation« dem Gutdünken der Sieger auszuliefern, jedenfalls entmutigend und kaum akzeptabel. »Die Bösartigkeit der Lage« scheine darin zu liegen, so notierte der im Widerstand organisierte Hassell über das sich abzeichnende Dilemma, dass die Alliierten »nun auf der Zerschmetterung ganz Deutschlands bestehen werden«. Das »Wort ›occupation‹, also Besetzung Deutschlands als Voraussetzung für Verhandlungen, ist dabei schon häufig gefallen«.[47]

Ob und in welchem Maße die Friedensbedingungen der Alliierten zugleich auch die Aktivitäten des deutschen Widerstandes hemmten, bleibt eine offene Frage. Sicher ist allerdings, dass für die Deutschen nicht zu erreichen war, worauf ihre verschiedenen Anstrengungen gerade abzielten: einen Frieden zu besseren Konditionen als der »bedingungslosen Kapitulation« zu erreichen. Genau das erhofften aber die Männer der Widerstandsgruppe um Carl Friedrich Goerdeler, Beck und Hassell, die mit Vertretern der Westalliierten in geheime Gespräche über die Zeit nach einem möglichen Staatsstreich eintraten. Ihnen ging es dabei nicht nur um die schnelle Beendigung des Krieges durch einen Sturz des Regimes, sondern auch darum, »wenigstens das Rudiment des Bismarckreiches zu retten«[48], wie Hassell notierte. Wilhelminische und großdeutsche Traditionen wirkten im Denken dieser Gruppe nach, deren Repräsentanten davon überzeugt waren, den Bestand des Reiches in den Grenzen von 1914 unter Einschluss Österreichs und des Sudentenlandes erhalten zu müssen. Damit unterschieden sie sich von dem um Helmuth James Graf von Moltke und Peter Graf Yorck von Wartenburg gebildeten Kreisauer Kreis. Im außenpolitischen Denken dieser vergleichsweise jüngeren Regimegegner, die aus Adel und Bürgertum, Arbeiter- und Kirchenbewegung kamen, bildete die Existenz des Nationalismus das Grundübel der kriegerischen Geschichte. Nur die Beseitigung der unheilvollen national- und machtstaatlichen Traditionen konnte nach ihrer Grundauffassung Europa von der Geißel des Krieges befreien – eine Schlussfolgerung, aus der sie die visionäre geschichtliche Aufgabe ableiteten, das nationalstaatliche Prinzip durch eine übernationale Ordnung in einem europäischen Bundesstaat zu ersetzen. Von welch zukunftsweisender Gestalt ihre idealistischen Entwürfe auch waren, sie blieben ihrer Zeit ebenso weit voraus, wie die Entwürfe der nationalkonservativen Gruppe von illusionärer Rückwärtsgewandtheit waren. Ein autoritäres, in der Tradition des Bismarck-Reiches stehendes Deutschland mochte sich als Rechtsstaat zwar von den Methoden und Zielen der verbrecherischen Expansionspolitik Hitlers unterscheiden, war jedoch mit den Planungen der Alliierten unvereinbar. Was nach einem Sieg aus Deutschland werden sollte, wussten die Alliierten zwar nicht, wohl aber, was daraus nicht wieder entstehen durfte: eine Macht, die das Potenzial hatte, nochmals einen Weltkrieg entfesseln zu können.

In der Tat waren auf der Konferenz von Teheran Ende November/Anfang Dezember 1943, bei der erstmals Roosevelt, Churchill und Stalin zusammentrafen, die unterschiedlichen Ansichten der Alliierten deutlich aufeinander getroffen. Schon in den vorbereitenden Unterredungen der Außenminister hatte sich abgezeichnet, dass Ostpreußen abgetrennt, Deutschland in drei oder mehr Zonen aufgeteilt, demilitarisiert und einem Besatzungsregime unterworfen werden sollte. Konkrete Beschlüsse über Nachkriegsdeutschland wurden zu diesem Zeitpunkt – als das Ende des Krieges noch nicht abzusehen war – aber nicht gefasst. Dies lag zum Teil daran, dass sich in Stalins Haltung der

Wille abzuzeichnen schien, seinen Machtbereich in einem unter seinem Einfluss stehenden ungeteilten Deutschland bis an den Rhein vorschieben zu können. Zum gleichen Ergebnis – ein ungeteiltes Deutschland erhalten zu müssen – kam Churchill gewissermaßen aus gegenteiliger Perspektive. Ihm schien ein einheitlicher Staat das Mittel der Wahl, um ein Gegengewicht zur Sowjetunion zu errichten.

Auch zwischen den Westalliierten bestand indes keine Einigkeit über die Gestalt eines deutschen Nachkriegsstaats. So stieß ein nach dem amerikanischen Finanzminister Henry Morgenthau benannter Plan, der nicht nur die Demilitarisierung, sondern die Deindustrialisierung Deutschlands zum Ziel erhob, auf den Widerspruch Churchills. Letztlich aus verschiedenen Gründen als nicht praktikabel abgeschrieben, zeigte sich am Morgenthau-Konzept die Vorläufigkeit alliierter Nachkriegsplanungen. Selbst die im Verlauf der folgenden Monate erzielten Kompromisse wurden wieder revidiert, so dass auch am Ende der Konferenz von Jalta im Februar 1945 keine endgültige Regelung zwischen den drei Hauptalliierten bestand. Um einen Bruch der Allianz zu vermeiden und um das einträgliche Verhältnis zu Stalin aufrechtzuerhalten, dessen Truppen zu diesem Zeitpunkt bereits an der Oder standen, begegneten Roosevelt und Churchill dem sowjetischen Diktator mit widerwilliger Konzessionsbereitschaft – aber ebenso mit steigender Skepsis. Immerhin gaben Stalins erkennbare Absichten, die sowjetische Macht- und Interessensphäre auf Ost- und Südosteuropa auszudehnen, längst zu Befürchtungen vor einer Kollision mit den eigenen, westlichen Interessen Anlass.

Es waren diese interalliierten Spannungen, die bis in das Jahr 1945 hinein Hitlers Willen zur Fortsetzung des Kriegs beflügelten. Niemals habe es in der Weltgeschichte derartige Koalitionen gegeben, »die wie die unserer Gegner aus so heterogenen Elementen mit so völlig auseinanderstrebender Zielsetzung zusammengesetzt sind«, äußerte er sich zum Jahreswechsel 1944/45. Deutschland stünde gegen »die größten Extreme, die überhaupt auf der Erde heute denkbar sind: ultrakapitalistische Staaten auf der einen Seite und ultramarxistische Staaten auf der anderen Seite«, und das seien »Staaten, die in ihrer Zielsetzung schon jetzt Tag für Tag aneinandergeraten. [...] Wenn hier noch ein paar ganz schwere Schläge erfolgen, so kann es jeden Augenblick passieren, daß diese künstlich aufrechterhaltene gemeinsame Front plötzlich mit einem riesigen Donnerschlag zusammenfällt.«

Seiner Vorstellung entsprechend, »von Zeit zu Zeit durch rücksichtslose Schläge dem Gegner wieder klarzumachen, daß er trotzdem nichts gewonnen hat, sondern daß der Krieg unentwegt weitergeführt wird«, hatte er bereits im zu Ende gehenden Jahr 1943 die Schlagkraft im Westen zu Lasten derjenigen im Osten erhöhen lassen.[49] In Erwartung einer Landung angelsächsischer Streitkräfte auf dem westeuropäischen Festland sollten die Abwehrmaßnahmen in Westeuropa verstärkt werden, da im Osten »die Größe des Raumes äußersten Falles einen Bodenverlust auch größeren Ausmaßes« zuließe, »ohne den deutschen Lebensnerv tödlich zu treffen«.[50] Doch Hitler handelte nicht nur unter militärischen Gesichtspunkten, als er im Westen die Vorbereitungen für die Abwehr einer Invasion treffen ließ, die schlagartig die Front in die Nähe der Reichsgrenzen verschob, und dafür im Osten, wo die Front zu jener Zeit noch zwischen Leningrad und Kiew verlief, nur eine geschwächte, hinhaltende Verteidigung in Kauf nahm. Vielmehr war ihm die Eröffnung der Front im Westen als Lageverbesserung erschienen, weil er auf einen Fehlschlag des Landungsunternehmens und damit auf eine Spaltung der Alliierten spekulierte. »Im Verein mit den bestimmt zu erwartenden riesigen Verlustzahlen« versprach er sich eine regelrechte »Schockwirkung [...] auf die öffentliche Meinung in England und Amerika«, die »gar nicht hoch genug veranschlagt werden« könne und die »voraussichtlich einen Wendepunkt des Krieges bilden« würde. Somit »würden dann mit einem Schlage größere Kräftegruppen frei« werden, »die im Osten nicht nur zu einer Stabilisierung der Front, sondern zur

Aufnahme offensiven Vorgehens gegen die Russen eingesetzt werden könnten«.[51]

Maßgeblich in diesem Sinne ist Hitlers Reaktion zu verstehen, als ihm am 6. Juni 1944 die Meldung von der Landung der Alliierten in der Normandie überbracht wurde. »Die Nachrichten könnten gar nicht besser sein! Solange sie in England waren, konnten wir sie nicht fassen. Jetzt haben wie sie endlich dort, wo wir sie schlagen können.«[52] Nicht der Glaube an einen möglichen Sieg begründete Hitlers demonstrative Siegesgewissheit. Vielmehr klammerte er sich an die zweckoptimistische Erwartung, die Westallliierten durch »rücksichtslose Schläge« zur Aufgabe der Koalition veranlassen und in eine Verständigung mit dem Reich zwingen zu können, die den Zweifrontenkrieg beendete. Der nur wenige Tage nach der Invasion aufgenommene Beschuss Londons mit dem Marschflugkörper »V1« sowie mit der ab September einsatzbereiten Großrakete »V2« sollte die »Schockwirkung« verstärken und das britische Einlenken erzwingen.

Selbst als die Invasion längst geglückt war, klammerte sich der Diktator an den Glauben, die »Koalition unserer Gegner geradezu zersprengen« zu können, wie Himmler den von Hitler verbreiteten Gedankengang wiedergab. Durch einen – bevorzugt mit den Briten zu schließenden – Separatfrieden sollte die Allianz zerstört werden, die »von vornherein eine unnatürliche«[53] war, um anschließend alle Kräfte nach Osten werfen zu können. Deshalb mobilisierte er sämtliche verfügbaren Einheiten für die »Ardennenoffensive« vom Dezember 1944, in der er die ungebrochene Kraft der Wehrmacht demonstrieren und somit die Angelsachsen zum Waffenstillstand zwingen wollte. Als diese letzte deutsche Großoffensive den Vorstoß der Westalliierten zwar zu verzögern, nicht aber aufzuhalten vermochte, schwand die letzte Hoffnung auf einen »Endsieg«, zumal die Rote Armee die Grenzen Ostpreußens inzwischen überschritten hatte. Es zeichnete sich jener schon in Stalingrad erkennbare Weg ab, dass »entweder ein klarer Sieg oder eine restlose Vernichtung« den Krieg beenden würde. Nunmehr bewahrheitete sich, was Hitler zu Beginn der 1930er Jahre skizziert hatte: Sollte Deutschland nicht siegen, »so werden wir selbst untergehend noch die halbe Welt mit uns in den Abgrund reißen«[54]. Dieser apokalyptischen Vision folgend, forderte er in seinem »Nero-Befehl« vom 19. März 1945, dem Gegner nur »verbrannte Erde« zu hinterlassen. Dabei kalkulierte er auch den Untergang der Deutschen billigend ein: Sämtliche Industrie und Versorgungswerke wie überhaupt alle zur Aufrechterhaltung des Lebens erforderlichen Einrichtungen und Systeme sollten zerstört werden. Bei zwei Ereignissen ergriff den Diktator, während die Rote Armee schon im Kampf um Berlin stand, allerdings noch einmal wahnwitzige Hochstimmung. Am 25. April wurde in San Francisco die Gründerkonferenz der Vereinten Nationen eröffnet, aus der Hitler eine irreale Zuversicht bezog. Wie zwei Wochen zuvor bei der Nachricht vom Tode Roosevelts, als der zwischen Apathie und Zerstörungsmanie schwankende Diktator für wenige Stunden das »Mirakel des Hauses Brandenburg« beschworen hatte, setzte er nun abermals seine Hoffnung auf einen Bruch der alliierten Allianz. Zugleich glaubte er an eine vermeintlich steigende Chance, dass der Westen erkenne, »daß es nur einer sein kann, der dem bolschewistischen Koloß Einhalt zu gebieten in der Lage ist, und das bin ich und die Partei und der heutige deutsche Staat«[55]. Indes offenbarten diese Phasen der Euphorie, die alsbald einer selbstmörderischen Untergangsstimmung wichen, den unterdessen vollends verlorenen Wirklichkeitsbezug des Diktators.

Doch nicht alle Paladine Hitlers teilten den düsteren Fatalismus ihres »Führers«. Nach der Feier aus Anlass von Hitlers 56. Geburtstag, zu der die deutsche Führungsriege am 20. April 1945 ein letztes Mal versammelt war, setzte sich etwa Göring nach Berchtesgaden ab, um dem Selbstvernichtungswahn zu entgehen. Von hier aus fragte er am 23. April in Berlin an, ob das Gesetz vom Juni 1941 noch Gültigkeit habe, das ihm Hitlers Nachfolge zusicherte, falls dem in Berlin Eingeschlossenen etwas zustoße. Hitler witterte Verrat, enthob Göring aller Ämter und ließ ihn verhaften. Am gleichen Tag bot Himmler den Alliierten die Kapitulation der gesamten Westfront an, eine Offerte, die den Diktator in tobende Wut versetzte. In seinem Testament, das Hitler am frühen Morgen des 29. April unterzeichnete, wiederholte er seine Verfügung, nach der Göring und Himmler aller Staatsämter enthoben und aus der Partei ausgeschlossen seien, weil sie durch ihre Geheimverhandlungen mit den Alliierten Hochverrat begangen hätten. An gleicher Stelle setzte er Karl Dönitz, den Oberbefehlshaber der Kriegsmarine, als Reichspräsidenten und Goebbels, der sich zwei Tage später seiner Verantwortung durch Selbstmord entzog, als Reichskanzler ein.

Dönitz, den die Funknachricht von Hitlers Freitod und seiner eigenen Ernennung im fernen Plön erreichte, sah nur noch das Hinauszögern der Gesamtkapitulation als seine Aufgabe an, um möglichst vielen Wehrmachtseinheiten und Zivilpersonen den Rückzug in die von den Westmächten besetzten Teile des Landes zu ermöglichen. Außenpolitischen Handlungsspielraum hatte die geschäftsführende Reichsregierung, in der der ehemalige, allerdings nicht auffindbare Außenminister Neurath das Außenamt übernehmen sollte, freilich keinen mehr. Mit der Unterzeichnung der Urkunde über die bedingungslose Kapitulation am 7. Mai im westalliierten Hauptquartier in Reims, wiederholt am 9. Mai im sowjetischen Hauptquartier in Berlin-Karlshorst, endete in Europa der Krieg, der weltweit 55 Millionen Menschenleben gefordert hatte. Für den Bestand und die Zukunft Deutschlands stellte der französische General Charles de Gaulle zutreffend fest: »Der Sieg ist von den Dimensionen des Krieges. Deutschland, in seinem Traum von der Herrschaft bis zum Fanatismus hingerissen, hat den Krieg so geführt, daß der Kampf materiell, politisch und moralisch ein totaler Kampf war. Der Sieg mußte daher ein totaler Sieg sein. Das ist geschehen. Insofern sind der Staat, die Macht und die Doktrin, ist das Deutsche Reich zerstört.«[56]

9 Epilog

Am Ende von Hitlers Vision vom »Sieg oder Untergang« standen die bedingungslose Kapitulation der deutschen Streitkräfte und die weitgehende Zerstörung Deutschlands.

Während der letzten Tage vor seinem Tod, als er sich unter dem nahezu pausenlosen Luftbombardement der Alliierten und dem Artilleriefeuer der sowjetischen Angriffsspitzen in seinen Bunker hatte zurückziehen müssen, waren Hitlers Gedanken immer wieder in endlosen Monologen zurückgegangen – an seine vermeintlich historische Mission, an die Irrtümer und Fehler, die ihm unterlaufen seien, und die Grundlagen und Prämissen seiner Kriegsplanungen. Im Angesicht der Niederlage diktierte er nun eine Art politisches Testament, in dem er vor der Geschichte und der Nachwelt Zeugnis über sein Handeln ablegen wollte. Weniger von Belang für eine ereignisgeschichtliche Rekonstruktion, spiegeln die Diktate vielmehr das Selbstbild des Diktators wider, der bis zum Schluss an seinen ideologischen Fixierungen festhielt.

Im Mittelpunkt dieser im Zeichen des Untergangs angestellten Überlegungen stand das Scheitern seines »Königsgedankens« vom deutsch-englischen Bündnis: »Ein Frieden im Frühjahr 1941 war die letzte Gelegenheit, die Amerikaner aus den europäischen Angelegenheiten herauszuhalten. [...] Zum Kompromiß mit England bereit, waren wir sogar gewillt mitzuhelfen, das britische Weltreich zu garantieren.« Unergründlich blieb Hitler bis zuletzt, warum »Churchill sein Land dem Diktat der jüdisch-amerikanischen Alliierten bedingungslos unterworfen« habe. »England, aller Sorgen in Europa enthoben, konnte sich ganz seinem Weltreich widmen. Das Reich, schließlich, konnte sich ohne die Gefahr des Zweifrontenkrieges in seine eigentliche Lebensaufgabe stürzen und die Sendung des Nationalsozialismus und meines Lebens erfüllen: die Vernichtung des Bolschewismus und damit gleichzeitig die Sicherung des für die Zukunft unseres Volkes unentbehrlichen Lebensraumes im Osten.«[1] In diesen Gedanken offenbarten sich dieselben rassenbiologischen Grundelemente, die von Hitler bereits in *Mein Kampf* niedergeschrieben worden waren, jene ideologischen Grundsätze, die er seit 1933 in die Tat umzusetzen versucht hatte.

Mit Hitler, der ein Produkt vielfach gebrochener Zeittendenzen war, kam das »Dritte Reich« aus der deutschen Geschichte, ohne zwangsläufig aus ihr zu resultieren; es wies vielfache Kontinuitätslinien zur Vergangenheit auf, war aber keineswegs die unumgängliche Folge der Vorgeschichte. Wenngleich die Ursachen für den Aufstieg des Nationalsozialismus weit in die deutsche Geschichte zurückreichten, so mündete doch der von einem unverkennbaren Sonderbewusstsein gekennzeichnete Weg, den das Reich seit dem Mittelalter beschritten hatte, in den Sonderweg der Herrschaft Hitlers ein. Dieser war die »große historische Ausnahme«, die wohlgemerkt »mit dem Eigenweg der Deutschen im Rahmen der europäischen Geschichte und mit ihrem spätestens wohl seit 1648 entwickelten, sodann im 19. Jahrhundert gesteigerten (außen-)politischen Sonderbewusstsein [...] nicht ursächlich, jedenfalls nicht bruchlos zu tun«[2] hatte.

In der Tat reichten die Ursachen für Hitlers Aufstieg bis weit in die Zeitgeschichte zurück, und auch die nationalistische Revisions- und Großmachtpolitik der alten Eliten deckte sich in Teilen mit dessen »Programm«. Daher war der fundamentale Unterschied zwischen der Zielsetzung einer kontinentalen Hegemonie der einen und den kriegerischen Eroberungs- und Vernichtungsplänen des anderen in der Anfangsphase des »Dritten Reiches« nur schwach zu erkennen. Die von der alten Ministerialbürokratie gestaltete Pressionspolitik mündete jedoch recht bald immer deutlicher in eine nach Hitlers Vorgaben vollzogene Gewaltpolitik ein, die mit ihren bejubelten Revisionstriumphen zu einer zentralen Stütze der charismatischen Herrschaft des Ditators wurde. Wie Hitler nach innen mit jedem außenpolitischen Coup unabhängiger wurde, profitierte er von diesen auch in äußerer Perspektive: Von den epochalen Tendenzen der Zeit begünstigt – der allgemeinen antidemokratischen Entwicklung einerseits und der brüchigen Staatenwelt andererseits –, schien es den Gewährsmächten der bestehenden Ordnung nur unter immer größeren Gefahren noch möglich zu sein, den Überraschungsschlägen des deutschen Diktators Grenzen zu setzen.

Lange Zeit als eine auf Groß- und Weltmachtstatus hinarbeitende traditionelle Außenpolitik missverstanden, zielte Hitlers Handeln auf die Ersetzung der Politik durch Krieg, auf die Revolution gegen die politischen und moralischen Werte der Moderne, auf die Utopie einer biologischen Rassenherrschaft und auf das Ende der Geschichte ab. Angetreten war der Nationalsozialismus allerdings als politisches Rettungs- und Erlösungsversprechen. Die Krisenerscheinungen der Weimarer Demokratie in einer nationalen Einigung zu überwinden; die vom Versailler Vertrag diktierte Machtlosigkeit in der Wiederherstellung der deutschen Großmacht zu tilgen; Nationalismus und Sozialismus – die mächtigen gegensätzlichen Strömungen – im Ideal der »Volksgemeinschaft« zu versöhnen; die Deutschen und Europa vor den Gefahren des »jüdischen« Kapitalismus und

Bolschewismus zu bewahren: All das waren erklärte Ziele des Nationalsozialismus gewesen, deretwegen die NSDAP gewählt worden war. Erst nach und nach – im Krieg schließlich im millionenfachen Mord – trat das lange nur unzureichend erkannte, auf Rassenkampf und Lebensraumeroberung abzielende Grundprinzip des Nationalsozialismus zu Tage, auf das Hitlers Herrschaft von Beginn an ausgerichtet gewesen war. Mit der forciert vorangetriebenen Aufrüstung nahm er wissentlich und willentlich die Verengung der Handlungsspielräume hin, ja zielte im Grunde darauf ab, da seine Absicht zu keiner Zeit im Erhalt seiner Macht, sondern stets in der Entfesselung eines alles umstürzenden Krieges bestand.

Wie das Ziel der Lebensraumeroberung ging auch die Vernichtung der Juden ursächlich auf Hitler zurück. Der Krieg war genauso wenig Ausdruck eines extremen Sozialimperialismus wie die Judenvernichtung das Ergebnis von Zwangslagen war. Hitler suchte den Ausnahmezustand des Krieges, den er für den Normalzustand hielt, um die Glaubensgrundsätze seiner Weltanschauung zu verwirklichen. Mit seiner blut- und bodenmythischen Utopie der Weltherrschaft einer biologisch gezüchteten »Herrenrasse« war der deutsche Eigenweg zum nationalsozialistischen Sonderweg geworden, den der Diktator repräsentierte und der schließlich doch im Gegenteil der von ihm angestrebten Visionen endete. Hitler wurde, wie der Historiker Klaus Hildebrand pointiert zusammenfasst, »zum Beförderer dessen, was er bekämpft hatte: Er wollte die Juden vernichten und trug indirekt dazu bei, daß sie eine staatliche Heimstatt in Israel fanden; er hatte vor, die Sowjetunion und die Vereinigten Staaten von Amerika niederzuringen, und begünstigte gerade auf diesem Weg ihre Entwicklung zu den führenden Weltmächten der Nachkriegsordnung; er mißachtete Europa und leistete damit seinen ungewollten Beitrag zu einer Renaissance des Europäischen; er versuchte, das Ideal des Nationalen durch den Wahn des Rassischen auszulöschen, und ließ die Völker den Wert des Nationalstaats aufs neue erkennen; er plante, Deutschland zur Weltmacht aufsteigen zu lassen, und hinterließ doch nichts als Untergang.«[3]

Der Nationalsozialismus, der unendliches Leid über so viele Völker brachte, überantwortete auch die Deutschen einer Katastrophe, die deutlich machte, dass sich seine Herrschaft ebenso gegen die Nation richtete, in der er immerhin lange Zeit einen starken Rückhalt gehabt hatte. Der Gefahr einer Wiederholung, sogar in nur vergleichbarer Form, hat der Nationalsozialismus durch seine Herrschaft und seinen Schrecken selbst die Grundlagen entzogen – darin lag eine der befreienden Wirkungen seines Untergangs. Für die Deutschen begann die Nachkriegszeit, die mehr als 40 Jahre lang die Geschichte einer geteilten Nation war und die erst mit der Wiederherstellung der staatlichen Einheit im Jahr 1990 endete. Mit der wiedererlangten staatlichen Souveränität trat für das bevölkerungsreichste und wirtschaftlich stärkste Land Europas die Frage nach seiner zukünftigen internationalen Rolle auf die politische Agenda. Dabei stets der eigenen unheilvollen Geschichte eingedenk zu sein, ohne sie für politische Gegenwartszwecke zu instrumentalisieren: Das ist die Verpflichtung und Bürde des »Dritten Reiches«, die bis in die Gegenwart und Zukunft reicht.

10 Anhang

Anmerkungen

Hitlers Weltanschauung (S. 9–19)

1 Herbert Michaelis/Ernst Schraepler (Hrsg.): Ursachen und Folgen. Vom deutschen Zusammenbruch 1918 und 1945 bis zur staatlichen Neuordnung Deutschlands in der Gegenwart. Eine Urkunden- und Dokumentensammlung zur Zeitgeschichte, Berlin 1975 ff. (UuF), Bd. XXIII, Dok. 3636b), S. 196 f. und 199.

2 Ernst Deuerlein: Hitlers Eintritt in die Politik und die Reichswehr, in: Vierteljahrshefte für Zeitgeschichte (VfZ), S. 177–227, Dok. 12, S. 204.

3 Hitler am 30. 1. 1934, in: Max Domarus: Hitler. Reden und Proklamationen, Würzburg 1973, S. 352.

4 Adolf Hitler: Mein Kampf, München 1943, S. 324 bzw. S. 372. Gerhard L. Weinberg: Hitlers zweites Buch. Ein Dokument aus dem Jahr 1928, Stuttgart 1961, S. 46.

5 Hitler: Mein Kampf (wie Anm. 4), S. 371 f. bzw. S. 384.

6 Ebd., S. 145 bzw. S. 148.

7 Hermann Rauschning: Gespräche mit Hitler, Zürich 2005, S. 12.

8 Weinberg: Hitlers zweites Buch (wie Anm. 4), S. 56.

9 Hitler: Mein Kampf (wie Anm. 4), S. 326 bzw. S. 317.

10 Ebd., S. 421, S. 312 bzw. S. 317.

11 Weinberg: Hitlers zweites Buch (wie Anm. 4), S. 220 f.

12 Hitler: Mein Kampf (wie Anm. 4), S. 347 bzw. S. 357 f.

13 Ebd., S. 359 bzw. S. 70.

14 Saul Friedländer: Das Dritte Reich und die Juden. Die Jahre der Verfolgung 1933–1939, München 2000. S. 16 f.

15 Hitler: Mein Kampf (wie Anm. 4), S. 751, S. 732 bzw. S. 742.

16 Ebd., S. 736.

17 Rauschning: Gespräche (wie Anm. 7), S. 232.

18 Akten zur Deutschen Auswärtigen Politik 1918–1945 (ADAP), E 1, Dok. 62, S. 113.

19 Henry Picker: Hitlers Tischgespräche im Führerhauptquartier, Stuttgart 1983, Dok. 71, S. 211.

20 Werner Jochmann (Hrsg.): Adolf Hitler. Monologe im Führerhauptquartier 1941–1944. Die Aufzeichnungen Heinrich Heims. Hamburg 1980, Dok. 3, S. 40, Dok. 37, S. 91 bzw. Dok. 42, S. 101.

Die Rahmenbedingungen im Jahr 1933 (S. 20–33)

1 Thilo Vogelsang: Neue Dokumente zur Geschichte der Reichswehr 1930–1933, in: VfZ 4 (1954), S. 397–436, hier Dok. 8, S. 434 f.

2 Andreas Wirsching: »Man kann nur Boden germanisieren«. Eine neue Quelle zu Hitlers Rede vor den Spitzen der Reichswehr am 3. Februar 1933, in: VfZ 49 (2001), S. 517–550, hier: Stenographische Mitschrift Helga von Hammerstein, S. 545–548.

3 Neurath vom 25.11.1923 an Mathilde von Neurath, in: Hauptstaatsarchiv Stuttgart, Q 3/11, Bü 385.

4 Zit. n.: Erich J. C. Hahn/Peter Krüger: Der Loyalitätskonflikt des Staatssekretärs Bernhard Wilhelm von Bülow im Frühjahr 1933, in: VfZ 20 (1972), S. 376–410, hier S. 410.

5 Leonidas Hill (Hrsg.): Die Weizsäcker-Papiere 1933–1950, Frankfurt a.M. u.a. 1974, Aufzeichnung vom 30.3.1933 (Hervorhebung im Original).

6 Bülow vom 6.2.1933 an Dirksen, in: Politisches Archiv des Auswärtigen Amts (PAAA), R 29518.

7 Hermann Graml: Zwischen Stresemann und Hitler. Die Außenpolitik der Präsidialkabinette Brüning, Papen und Schleicher, München 2001, S. 15.

8 Hoesch vom 22.1.1932 an AA, in: PAAA (wie Anm. 6), R 28252.

9 Köster vom 11.3.1933 an Bülow, in: Ebd., R 28258.

10 Dirksen vom 14.3.1933 an Bülow, in: Ebd., R 29518.

11 Hoesch vom 12.4.1933 an AA, in: Ebd., R 76982.

12 Hassell vom 6.10.1933 an Neurath, in: Ebd., R 692/2 Pol 2a1.

13 Köster vom 5.4.1933 an Bülow, in: Ebd., R 28470.

Zwischen nationalistischer und nationalsozialistischer Außenpolitik (S. 34–54)

1 Zit. n.: Günther Wollstein: Eine Denkschrift des Staatssekretärs Bernhard von Bülow vom März 1933. Wilhelminische Konzeption der Außenpolitik zu Beginn der nationalsozialistischen Herrschaft, in: Militärgeschichtliche Mitteilungen 1 (1973), S. 77–94, hier S. 82–94.

2 Twardowski vom 23.9.1933 an AA, in: Politisches Archiv des Auswärtigen Amts (PAAA), R 28308.

3 Schulthess' Europäischer Geschichtskalender, Bd. 49 (1933), S. 486–491, Sp. 490 f.

4 Wilhelm Hoegner: Flucht vor Hitler. Erinnerungen an die Kapitulation der ersten deutschen Republik 1933, München [3]1978, S. 202 f.

5 Aufzeichnung Bülow vom 8.2.1933 zu Gespräch zwischen Neurath und Blomberg, in: PAAA (wie Anm. 2), R 29461.

6 Neurath vom 15.2.1933 an Nadolny, in: Ebd.

7 Vgl. Aufzeichnung Bülow vom 20.2.1933 über das Gespräch mit Blomberg, Neurath und Nadolny, in: Ebd., R 28459.

8 Gerhard L. Weinberg: Hitlers zweites Buch. Ein Dokument aus dem Jahr 1928, Stuttgart 1961, S. 112.

9 Thilo Vogelsang: Neue Dokumente zur Geschichte der Reichswehr 1930–1933, in: VfZ 4 (1954), S. 397–436, hier Dok. 8, S. 435.

10 Nadolny vom 17.3.1933 an Neurath, in: PAAA (wie Anm. 2), R 28459.

11 Akten der Reichskanzlei, Boppard am Rhein 1989 ff. (AdR), Kabinett Hitler, Dok. 126, S. 447.

12 Hoesch vom 16.5.1933 an AA, in: PAAA (wie Anm. 2), R 28741.

13 »Herr Hitler's Policy«, in: The Times vom 18.5.1933.

14 Manuskript der Rede Neuraths vom 6.11.1933, in: PAAA (wie Anm. 2), R 98485.

15 Aufzeichnung Köpke vom 13.11.1933, in: PAAA (wie Anm. 2), Botschaft Paris, Handakten Köster, Abrüstung, Bd. 2.

16 Reichsgesetzblatt (RGBl.) 1934, Teil II, S. 118 f.

17 Klaus-Jürgen Müller: Armee und Drittes Reich 1933–1939. Darstellung und Dokumentation, Stuttgart 1988, Dok. 58, S. 195.

18 Aufzeichnung Bülow vom 26.6.1934 bzw. 27.6.1934, in: Ebd., R 29462.

19 Herbert Michaelis/Ernst Schraepler (Hrsg.): Ursachen und Folgen. Vom deutschen Zusammenbruch 1918 und 1945 bis zur staatlichen Neuordnung Deutschlands in der Gegenwart. Eine Urkunden- und Dokumentensammlung zur Zeitgeschichte, Berlin 1975 ff. (UuF), Bd. X, Dok. 2375a), S. 161 f.

20 Ebd., Bd. IX, Dok. 2077, S. 234.

21 Müller: Armee und Drittes Reich (wie Anm. 17), Dok. 58, S. 195, bzw. Ernst Röhm: SA und deutsche Revolution, in: Nationalsozialistische Monatshefte vom Juni 1933, S. 253.

22 Zit. n.: Klaus-Jürgen Müller: Heer und Hitler, Stuttgart 1988, S. 81.

23 Manfred Messerschmidt: Die Wehrmacht im NS-Staat. Zeit der Indoktrination, Hamburg 1969, S. 34.

24 Hassell vom 8.8.1934 bzw. 25.10.1933 an AA, in: PAAA (wie Anm. 2), 692/2 Pol 2a1.

25 Klaus-Jürgen Müller: General Ludwig Beck. Studien zur politisch-militärischen Vorstellungswelt und Tätigkeit des Generalstabschefs des deutschen Heeres 1933–1938, Boppard am Rhein 1980, Dok. 12, S. 358.

Die Erweiterung des Handlungsspielraums (S. 55–77)

1 Rundfunkansprache Hitlers am 15.1.1935, in: Max Domarus: Hitler. Reden und Proklamationen, Würzburg 1973, S. 472f., hier S. 472.

2 Robert Ingrim: Hitlers glücklichster Tag. Stuttgart 1962, S. 107.

3 Neurath vom 13.11.1935 an Bergen, in: Politisches Archiv des Auswärtigen Amts (PAAA), R 60956.

4 Akten zur Deutschen Auswärtigen Politik 1918–1945 (ADAP), Bd. III, 2, Dok. 555, S. 1029.

5 Aufzeichnung Meißner vom 19.11.1936, in: PAAA (wie Anm. 3), R 28875.

6 Herbert Michaelis/Ernst Schraepler (Hrsg.): Ursachen und Folgen. Vom deutschen Zusammenbruch 1918 und 1945 bis zur staatlichen Neuordnung Deutschlands in der Gegenwart. Eine Urkunden- und Dokumentensammlung zur Zeitgeschichte, Berlin 1975ff. (UuF), Bd. X, Dok. 2436, S. 334.

7 Paul Schmidt: Statist auf diplomatischer Bühne 1923–45. Erlebnisse des Chefdolmetschers im Auswärtigen Amt mit den Staatsmännern Europas. Bonn 1950, S. 311–314.

8 André François-Poncet: Botschafter in Berlin 1931–1938. Berlin u.a. 1962, S. 271.

9 Adolf Hitler: Mein Kampf, München 1943, S. 749.

10 Erich Kordt: Nicht aus den Akten. Die Wilhelmstraße in Frieden und Krieg. Erlebnisse, Begegnungen und Eindrücke 1928–1945, Stuttgart 1950, S. 109.

11 Hermann Graml: Das Versagen der internationalen Solidarität, in: Klaus Hildebrand, et al. (Hrsg.): 1939. An der Schwelle zum Weltkrieg. Die Entfesselung des 2. Weltkrieges und das internationale System, Berlin u.a. 1990, S. 251–256, hier S. 253.

12 Anthony Eden: Angesichts der Diktatoren. Memoiren 1923–1938, Köln u.a. 1964, S. 250.

13 Elke Fröhlich (Hrsg.): Die Tagebücher von Joseph Goebbels, München 1987ff., Teil I, Bd. 2, Eintrag vom 19.8.1935, S. 504, bzw. vom 6.9.1935, S. 510.

14 Hassell vom 6.2.1936 an AA, in: PAAA (wie Anm. 3), 693c/1 Pol 2a1, bzw. vom 6.1.1936 an AA, in: Ebd., Rom-Quirinal 674a.

15 Hermann Graml: Europas Weg in den Krieg. Hitler und die Mächte 1939, München 1990, S. 89.
16 Aufzeichnung Hassell vom 14.2.1936, in: PAAA (wie Anm. 3), Rom-Quirinal Geheim, Bd. 44.
17 Ebd. bzw. Aufzeichnung Hassell vom 23.2.1936, in: Ebd.
18 UuF (wie Anm. 6), Bd. X, Dok. 2453b, S. 415ff., hier S. 416.
19 Vgl. Hoesch vom 10.3.1936 an AA, in: PAAA (wie Anm. 3), R 29823.
20 Schmidt: Statist auf diplomatischer Bühne (wie Anm. 7), S. 320.
21 Andreas Hillgruber: Die gescheiterte Großmacht. Eie Skizze des Deutschen Reiches 1871–1945, Düsseldorf 1984, S. 79.
22 Fröhlich: Goebbels-Tagebücher (wie Anm. 13), Teil I, Bd. 2, Eintrag vom 6.3.1936, S. 580.
23 Aufzeichnung Hassell vom 23.2.1936, in: PAAA (wie Anm. 3), Rom-Quirinal Geheim, Bd. 44.
24 Hitler am 14.3.1936, in: Domarus: Hitler (wie Anm. 1), S. 606.
25 Ian Kershaw: Der Hitler-Mythos. Führerkult und Volksmeinung, München 2003, S. 105.

Weichenstellungen (S. 78–98)

1 Aufzeichnung Hassell vom 7.10.1937, in: Politisches Archiv des Auswärtigen Amts (PAAA), R 61140.
2 Hassell vom 11.7.1936 an AA, in: Ebd., R 693c/1 Pol 2a1.
3 Herbert Michaelis/Ernst Schraepler (Hrsg.): Ursachen und Folgen. Vom deutschen Zusammenbruch 1918 und 1945 bis zur staatlichen Neuordnung Deutschlands in der Gegenwart. Eine Urkunden- und Dokumentensammlung zur Zeitgeschichte, Berlin 1975ff. (UuF), Bd. XI, Dok. 2606a), S. 592.
4 Norbert Schausberger: Österreich und die nationalsozialistische Anschluß-Politik, in: Manfred Funke (Hrsg.): Hitler, Deutschland und die Mächte. Materialien zur Außenpolitik des Dritten Reiches, Düsseldorf 1978, S. 728–756, hier S. 739.
5 Tauschitz vom 22.7.1936 an Schmidt, in: Der Hochverratsprozeß gegen Dr. Guido Schmidt vor dem Wiener Volksgericht. Die gerichtlichen Protokolle mit den Zeugenaussagen, unveröffentlichten Dokumenten, sämtlichen Geheimbriefen und Geheimakten, Wien 1947, S. 487f., hier S. 487.
6 Joachim von Ribbentrop: Zwischen London und Moskau. Erinnerungen und letzte Aufzeichnungen. Aus dem Nachlass herausgegeben von Annelies von Ribbentrop, Leoni 1954, S. 88f.
7 Hassell vom 18.12.1936 an AA, in: PAAA (wie Anm. 1), R 693c/1 Pol 2a1.

8 Akten zur Deutschen Auswärtigen Politik 1918–1945, D I, Dok. 19, S. 31.

9 Ribbentrop: Zwischen London und Moskau (wie Anm. 6), S. 89.

10 Hitler am 4.9.1936, in: Max Domarus: Hitler. Reden und Proklamationen, Würzburg 1973, S. 635.

11 Elke Fröhlich (Hrsg.): Die Tagebücher von Joseph Goebbels, München 1987 ff., Teil I, Bd. 2, Eintrag vom 13.11.1936, S. 724.

12 Fritz Hesse: Das Vorspiel zum Kriege. Englandberichte und Erlebnisse eines Tatzeugen 1935–1945, Leoni 1979, S. 72.

13 Erich Kordt: Nicht aus den Akten. Die Wilhelmstraße in Frieden und Krieg. Erlebnisse, Begegnungen und Eindrücke 1928–1945, Stuttgart 1950, S. 156.

14 Fröhlich: Goebbels-Tagebücher (wie Anm. 11), Teil I, Bd. 2, Eintrag vom 9.6.1936, hier S. 622.

15 Wilhelm Treue: Hitlers Denkschrift zum Vierjahresplan, in: VfZ 2 (1955), S. 184–210, hier S. 210.

16 »Eine kulturpolitische Rede des Führers«, in: Völkischer Beobachter vom 7.9.1934.

17 Hitler am 9.9.1936, in: Domarus: Hitler (wie Anm. 10), S. 637 ff., hier S. 638, bzw. am 14.9.1936, in: Ebd., S. 645 ff., hier S. 646.

18 Zit. n.: Wilhelm Treue: Das Dritte Reich und die Westmächte auf dem Balkan. Zur Struktur der Außenhandelspolitik Deutschlands, Großbritanniens und Frankreichs 1933–1939, in: VfZ 1 (1953), S. 45–64, Anm. 16.

19 Zit. n.: Ebd.

20 Leonidas Hill (Hrsg.): Die Weizsäcker-Papiere 1933–1950, Frankfurt a.M. u.a. 1974, Aufzeichnungen vom November 1936, S. 100 ff., hier S. 101, bzw. vom Januar 1937, S. 109–112, hier S. 111.

21 Ebd., Aufzeichnung vom Juli 1936, S. 96 ff., hier S. 97.

22 Hitler am 30.1.1937, in: Domarus: Hitler (wie Anm. 10), S. 664–676, S. 667 f.

23 Hitler am 24.2.1937, in: Ebd., S. 681.

24 Anklageschrift, in: Der Hochverratsprozeß gegen Dr. Guido Schmidt (wie Anm. 5), S. 2–22, hier S. 14.

25 Mussolini am 28.9.1937, in: Domarus: Hitler (wie Anm. 10), S. 737 f.

26 Josef Henke: England in Hitlers politischem Kalkül 1935–1939, Boppard am Rhein 1973, S. 101 (Hervorhebung im Original).

27 Neurath vom 22.11.1937 an Hassell, in: PAAA (wie Anm. 1), Rom-Quirinal Geheim, Bd. 48.

28 Fröhlich: Goebbels-Tagebücher (wie Anm. 11), Teil I, Bd. 3, Eintrag vom 16.2.1937 bzw. 23.2.1937, S. 54 bzw. S. 55.

29 Manuskript der Rede Neuraths vom 30.1.1938, in: Bundesarchiv Koblenz, Nachlass Neurath, Bd. 168.

30 ADAP (wie Anm. 8), D I, Dok. 19, S. 25–29.

31 Hitler am 29.10.1937 vor Propagandaleitern in Berlin, in: Domarus: Hitler, S. 745.

32 ADAP (wie Anm. 8), D I, Dok. 19, S. 27–31.

33 Fröhlich: Goebbels-Tagebücher (wie Anm. 11), Teil I, Bd. 3, Eintrag vom 1.2.1938, S. 423 f.

Der Weg in den Krieg (S. 99–130)

1 Kurt von Schuschnigg: Ein Requiem in rot-weiss-rot: »Aufzeichnungen des Häftlings Dr. Auster«, Zürich 1946, S. 40 ff.

2 Gesprächsaufzeichnung Hitler-Hessen, in: Der Prozeß gegen die Hauptkriegsverbrecher vor dem Internationalen Militärgerichtshof (IMT), Nürnberg 1947–49, 42 Bde., hier Bd. II, Aufzeichnung vom 29.11.1945, S. 466 f.

3 Hitler am 15.3.1938, in: Max Domarus: Hitler. Reden und Proklamationen, Würzburg 1973, S. 823 f., hier S. 824.

4 IMT (wie Anm. 2), Bd. II, Aufzeichnung vom 27.11.1945, S. 343.

5 Akten zur Deutschen Auswärtigen Politik 1918–1945 (ADAP), D II, Dok. 107, S. 158.

6 Ebd., Dok. 107, S. 158, bzw. Dok. 135, S. 192.

7 Leonidas Hill (Hrsg.): Die Weizsäcker-Papiere 1933–1950, Frankfurt a.M. u.a. 1974, Aufzeichnung vom 31.5.1938, S. 129.

8 ADAP (wie Anm. 5), D II, Dok. 221, S. 282–284.

9 Herbert Michaelis/Ernst Schraepler (Hrsg.): Ursachen und Folgen. Vom deutschen Zusammenbruch 1918 und 1945 bis zur staatlichen Neuordnung Deutschlands in der Gegenwart. Eine Urkunden- und Dokumentensammlung zur Zeitgeschichte, Berlin 1975 ff. (UuF), Bd. XII, Dok. 2716 d, S. 422.

10 Dirksen vom 10.7.1938 an AA, in: Politisches Archiv des Auswärtigen Amts (PAAA), R 60960 (Hervorhebung im Original).

11 Hill: Weizsäcker-Papiere 1933–1950 (wie Anm. 7), Aufzeichnung vom 5.3.1938, S. 122.

12 Ian Goodhope Colvin: Vansittart in office. An historical survey of the origins of the second world war based on the papers of Sir Robert Vansittart Permanent Under-Secretary of State for Foreign Affairs 1930–38. London 1965, S. 223.

13 Bernd-Jürgen Wendt: München 1938. England zwischen Hitler und Preußen, Frankfurt a.M. 1965, S. 72.

14 Hitler am 12.9.1938, in: Domarus: Hitler (wie Anm. 3), S. 867–906, hier S. 901 bzw. S. 903 f.

15 André François-Poncet: Botschafter in Berlin 1931–1938, Berlin u.a. 1962, S. 371.

16 Duff Cooper: Das lässt sich nicht vergessen, Bad Wörishofen 1954, S. 291.

17 Vgl. Domarus: Hitler (wie Anm. 3), S. 924–932, hier S. 927.

18 Hill: Weizsäcker-Papiere 1933–1950 (wie Anm. 7), Aufzeichnung vom 22.5.1938, S. 128. bzw. vom 8.6.1938 für Ribbentrop, S. 130.

19 ADAP (Wie Anm. 5), D II, Dok. 676, S. 814.

20 Erich Kordt: Nicht aus den Akten. Die Wilhelmstraße in Frieden und Krieg. Erlebnisse, Begegnungen und Eindrücke 1928–1945, Stuttgart 1950, S. 260.

21 Ulrich von Hassell: Vom andern Deutschland. Aus den nachgelassenen Tagebüchern 1938–1944, Zürich 1946, Aufzeichnung vom 15.10.1938, S. 27.

22 Adolf Hitler: Hitlers politisches Testament. Die Bormann-Diktate vom Februar und April 1945, Hamburg 1981, Diktat vom 21.2.1945, S. 99f.

23 Vgl. William Manchester: Winston Churchill, Bd. 2, München 1990, S. 489.

24 Helmuth Groscurth: Tagebücher eines Abwehroffiziers 1938–1940, Stuttgart 1970, S. 166f.

25 ADAP (wie Anm. 5), D IV, Dok. 81, S. 90f., bzw. Dok. 152, S. 163.

26 Zit. n.: Jochen Thies: Architekt der Weltherrschaft. Die »Endziele« Hitlers. Düsseldorf ²1976, S. 115f.

27 Bradley Smith et al. (Hrsg.): Heinrich Himmler. Geheimreden 1933 bis 1945 und andere Ansprachen, Frankfurt a.M. u.a. 1974, S. 49.

28 IMT (wie Anm. 2), Bd. XXVIII, Dok. 1816-PS, S. 499 bzw. 538f.

29 Ernst Nolte: Der Faschismus in seiner Epoche. Action francaise – Italienischer Faschismus – Nationalsozialismus, München 1963, S. 433.

30 Hitler am 30.1.1939, in: Domarus: Hitler (wie Anm. 3), S. 1047–1067, hier S. 1058, bzw. am 10.11.1938, S. 974–977, hier S. 972.

31 Hitler am 15.3.1939, in: Ebd., S. 1095.

32 Zit. n.: Andreas Hillgruber: Deutschlands Rolle in der Vorgeschichte der beiden Weltkriege, Göttingen 1979, S. 82.

33 Hill: Weizsäcker-Papiere 1933–1950 (wie Anm. 7), Aufzeichnung vom 17.12.1938, S. 146.

34 ADAP (wie Anm. 5), D VI, Dok. 61, S. 60.

35 Ebd., Dok. 149, S. 154.

36 Aufzeichnung Plessen vom 3.1.1940, in: PAAA (wie Anm. 10), NL Mackensen, Bd. 7.

37 Leonidas Hill (Hrsg.): Weizsäcker-Papiere 1900–1932, Frankfurt a.M. u.a. 1982, Aufzeichnung vom 18.6.1939, S. 154.

38 ADAP (wie Anm. 5), D VI, Dok. 433, S. 479.

39 Wolfgang Michalka: Deutsche Geschichte 1933–1945. Dokumente zur Innen- und Außenpolitik, Frankfurt a.M., Dok. 132, S. 169.

40 Dokumenty vnesnej politiki SSSR, Moskau 1976 ff., Bd. 22/1, Dok. 199, S. 252 f.

41 Josef Stalin: Rechenschaftsbericht an den XVIII. Parteitag über die Arbeit des ZK der KPdSU vom 10.3.1939, in: Ders.: Fragen des Leninismus, Moskau 1947, S. 680–733, hier S. 692.

42 Hill: Weizsäcker-Papiere 1900–1932 (wie Anm. 37), Aufzeichnung vom 16.4.1939, S. 153 bzw. vom 20.8.1939, S. 159.

43 ADAP (wie Anm. 5), D VI, Dok. 215, S. 222, Dok. 446, S. 498, bzw. Dok. 729, S. 847 f.

44 Aufzeichnung Schnurre vom 10.8.1939, in: PAAA (wie Anm. 10), R 29723.

45 Kordt: Nicht aus den Akten (wie Anm. 20), S. 323.

46 Ribbentrop vom 3.8.1939 an Schulenburg, in: PAAA (wie Anm. 10), R 29723, bzw. Hitler vom 20.8.1939 an Stalin, in: Ebd.

47 Bräuer vom 22.8.1939 an AA, in: PAAA (wie Anm. 10), R 29723.

48 ADAP (wie Anm. 5), D VII, Dok. 192, S. 168 ff., bzw. Franz Halder: Kriegstagebuch. Tägliche Aufzeichnungen des Chefs des Generalstabes des Heeres 1939–1942, hg. von Hans-Adolf Jacobsen, Stuttgart 1963 f., Bd. 1, Eintrag vom 22.8.1939, S. 25.

49 Hans-Günther Seraphim: Das politische Tagebuch Alfred Rosenbergs aus den Jahren 1934/35 und 1939/40, Göttingen 1956, Eintrag vom 25.8.1939, S. 75.

50 Halder: Kriegstagebuch (wie Anm. 48), Bd. 1, Eintrag vom 28.8.1939, S. 38.

51 Carl Jacob Burckhardt: Meine Danziger Mission 1937–1939, München 1969, S. 348.

52 Halder: Kriegstagebuch (wie Anm. 48), Bd. 1, Eintrag vom 26.8.1939, S. 34.

53 Hill: Weizsäcker-Papiere 1933–1950 (wie Anm. 7), Aufzeichnung vom 30.7.1939, S. 56, bzw. vom 25.8.1939, S. 161.

54 Ebd., Aufzeichnung vom 25.8.1939, S. 160.

55 Ebd., Aufzeichnung vom 30.8.1939, S. 162.

56 Halder: Kriegstagebuch (wie Anm. 48), Bd. 1, Eintrag vom 29.8.1939, S. 42.

57 Weisung vom 31.8.1939, in: Domarus: Hitler (wie Anm. 3), S. 1299 f., hier S. 1299, bzw. Hitler am 1.9.1939, in: Ebd., S. 1312–1317, hier S. 1316 (Hervorhebung im Original).

Weltanschauung und Kriegsverlauf (S. 131–165)

1 Leonidas Hill (Hrsg.): Die Weizsäcker-Papiere 1933–1950, Frankfurt a.M. u.a. 1974, Aufzeichnung vom 7.9.1939, S. 164.

2 Aufrufe Hitlers vom 3.9.1939, in: Max Domarus: Hitler. Reden und Proklamationen, Würzburg 1973, S. 1339 ff., hier S. 1340 bzw. S. 1342.

3 Hans-Adolf Jacobsen (Hrsg.): Dokumente zur Vorgeschichte des Westfeldzuges 1939–1940, Göttingen u.a. 1956, S. 4–21, hier S. 6–9.

4 Franz Halder: Kriegstagebuch. Tägliche Aufzeichnungen des Chefs des Generalstabes des Heeres 1939–1942, hg. von Hans-Adolf Jacobsen, Stuttgart 1963 f., Bd. 1, Eintrag vom 27.9.1939, S. 90.

5 Wolfgang Michalka: Deutsche Geschichte 1933–1945. Dokumente zur Innen- und Außenpolitik, Frankfurt a.M. 2002, Dok. 179, S. 239 f.

6 Mussolini vom 3.1.1940 an Hitler, in: Politisches Archiv des Auswärtigen Amts (PAAA), Nachlaß Mackensen, Handakten, Bd. 4.

7 Hitler vom 8.3.1940 an Mussolini, in: Ebd.

8 Akten zur Deutschen Auswärtigen Politik 1918–1945 (ADAP), Bd. IX, Dok. 320, S. 360.

9 Ulrich von Hassell: Vom andern Deutschland. Aus den nachgelassenen Tagebüchern 1938–1944, Zürich 1946, Aufzeichnung vom 24.6.1940, S. 157.

10 Hans-Günther Seraphim: Das politische Tagebuch Alfred Rosenbergs aus den Jahren 1934/35 und 1939/40, Göttingen 1956, Eintrag vom 9.4.1940, S. 104. Michalka: Dokumente (wie Anm. 5), Dok. 181, S. 241.

11 Halder: Kriegstagebuch (wie Anm. 4), Bd. 1, Eintrag vom 30.6.1940, S. 374.

12 Ebd., Eintrag vom 21.5.1940, S. 308.

13 Zit. n.: Karl Klee: Das Unternehmen »Seelöwe«. Die geplante deutsche Landung in England 1940, Göttingen u.a. 1958, S. 189.

14 Halder: Kriegstagebuch (wie Anm. 4), Bd. 2, Eintrag vom 13.7.1940, S. 21, Michalka: Dokumente (wie Anm. 5), Dok. 143, S. 188, bzw. Halder: Kriegstagebuch (wie Anm. 4), Bd. 1, Eintrag vom 30.6.1940, S. 375.

15 Andreas Hillgruber: Hitlers Strategie. Politik und Kriegsführung 1940–1941, Bonn 31993, S. 317.

16 Albert Speer: Erinnerungen, Frankfurt a.M. u.a., S. 188.

17 Halder: Kriegstagebuch (wie Anm. 4), Bd. 2, Eintrag vom 13.7.1940, S. 21.

18 Ebd., Eintrag vom 31.7.1940, S. 49.

19 Hans-Adolf Jacobsen (Hrsg.): Kriegstagebuch des Oberkommandos der Wehrmacht, Bd. 1, Frankfurt a.M. 1965, Dok. 45, S. 996.

20 Andreas Hillgruber (Hrsg.): Staatsmänner und Diplomaten bei Hitler, Vertrauliche Aufzeichnungen über die Unterredungen mit Vertretern des Auslandes 1939–1941, 2. Teil, München 1969, Dok. 27, S. 302.

21 Hill: Weizsäcker-Papiere 1933–1950 (wie Anm. 1), Aufzeichnung vom 10.7.1940, S. 212.

22 Walther Hubatsch (Hrsg.): Hitlers Weisungen für die Kriegführung 1939–1945, Dokumente des Oberkommandos der Wehrmacht, München 1965, S. 81 bzw. S. 96.

23 Halder: Kriegstagebuch (wie Anm. 4), Bd. 2, Eintrag vom 30.3.1941, S. 336 f.

24 Michalka: Dokumente (wie Anm. 5), Dok. 152, S. 203, bzw. Dok. 153, S. 204.

25 Jochmann: Monologe, Dok. 28, S. 76.

26 Mackensen vom 8.9.1941 an AA, in: PAAA (wie Anm. 6), Geheime Reichssachen, BA 61140.

27 Herbert Michaelis/Ernst Schraepler (Hrsg.): Ursachen und Folgen. Vom deutschen Zusammenbruch 1918 und 1945 bis zur staatlichen Neuordnung Deutschlands in der Gegenwart. Eine Urkunden- und Dokumentensammlung zur Zeitgeschichte, Berlin 1975 ff. (UuF), Bd. XVII, Dok. 3127g), S. 47.

28 ADAP (wie Anm. 8), D XIII/2, Dok. 424, S. 567.

29 Ebd., D XIII, Teil 2, Dok. 512, S. 710, Anm. 5.

30 Ebd., E I, Dok. 227, S. 403.

31 Serge Klarsfeld: Vichy-Auschwitz. Die »Endlösung der Judenfrage« in Frankreich, Darmstadt 2007, Dok. V-59, S. 382.

32 Michalka: Dokumente (wie Anm. 5), Dok. 204, S. 266.

33 Elke Fröhlich (Hrsg.): Die Tagebücher von Joseph Goebbels, München 1987 ff., Teil II, Bd. 1, Eintrag vom 19.8.1941, S. 269.

34 Ebd., Bd. 3, Eintrag vom 27.3.1942, S. 561, bzw. Bd. 2, Eintrag vom 13.12.1941, S. 498.

35 »Botschaft an die Parteigenossen«, in: Domarus: Hitler (wie Anm. 2), S. 1843 f. hier S. 1844.

36 Gesprächsaufzeichnung Hitler-Hessen, in: Der Prozeß gegen die Hauptkriegsverbrecher vor dem Internationalen Militärgerichtshof (IMT), Nürnberg 1947–49, 42 Bde., Bd. XXXII, Dok. 3666, S. 437.

37 Michalka: Dokumente (wie Anm. 5), Dok. 208, S. 270.

38 Bradley Smith et al. (Hrsg.): Heinrich Himmler. Geheimreden 1933 bis 1945 und andere Ansprachen, Frankfurt a. M. u. a. 1974, S. 169.

39 Proklamation Hitlers vom 7.9.1939, in: Domarus: Hitler (wie Anm. 2), S. 715 ff., hier S. 717.

40 Zit. n.: Hans-Jürgen Döscher: SS und Auswärtiges Amt im Dritten Reich. Diplomatie im Schatten der Endlösung, Frankfurt a. M. u. a. 1991, S. 100.

41 Michalka: Dokumente (wie Anm. 5), Dok. 228, S. 294.

42 ADAP (wie Anm. 8), D XIII/2, Dok. 510, S. 705, bzw. Halder: Kriegstagebuch, Bd. 3, Eintrag vom 19.11.1941, S. 295

43 Vortrag Raeders vom 26.8.1942, in: Gerhard Wagner: Lagevorträge des Oberbefehlshabers der Kriegsmarine vor Hitler, München 1972, S. 405–420, hier S. 405, bzw. ADAP (wie Anm. 8), E V, Dok. 306, S. 595.

44 Klaus Hildebrand: Das vergangene Reich. Deutsche Außenpolitik von Bismarck bis Hitler, Berlin 1999, S. 653.

45 Michalka: Dokumente (wie Anm. 5), Dok. 238, S. 309.

46 Fröhlich: Goebbels-Tagebücher (wie Anm. 33), Teil II, Bd. 8, Eintrag vom 8.5.1943, S. 236 bzw. S. 238.

47 Hassell: Vom andern Deutschland (wie Anm. 9), Eintrag vom 22.1.1943, S. 287.

48 Ebd., Eintrag vom 19.8.1943, S. 324.

49 Helmuth Heiber (Hrsg.): Lagebesprechungen im Führerhauptquartier. Protokollfragmente aus Hitlers militärischen Konferenzen 1942–1945, München 1964, S. 281–294, hier S. 291 f.

50 Hubatsch: Weisungen (wie Anm. 22), S. 270–274, hier S. 270.

51 ADAP (wie Anm. 8), E VII, Dok. 236, S. 449.

52 Hitler am 6.6.1944, in: Domarus: Hitler, S. 2104.

53 Rede Himmlers am 21.9.1944, in: Smith: Himmler (wie Anm. 38), S. 246.

54 Hermann Rauschning: Gespräche mit Hitler, Zürich 2005, S. 115.

55 UuF (wie Anm. 27), Bd. XXIII, Dok. 3631a), S. 160.

56 Charles de Gaulle: Discours de Guerre, Bd. 3, Paris 1945, S. 214.

Epilog (S. 166–170)

1 Hitlers Politisches Testament. Die Bormann Diktate vom Februar und April 1945, Hamburg 1981, Diktat vom 4.2.1945, S. 43–47.

2 Klaus Hildebrand: Der deutsche Eigenweg, in: Manfred Funke (Hrsg.): Demokratie und Diktatur. Geist und Gestalt politischer Herrschaft in Deutschland und Europa, Düsseldorf 1987, S. 15–34, hier S. 31.

3 Ebd., S. 980.

Auswahlbibliografie

Die Literatur zur Außenpolitik des »Dritten Reiches« ist äußerst umfangreich. Die nachfolgende Auflistung enthält eine Auswahl der wichtigsten und aktuellsten Werke. Weitere Literaturhinweise finden sich in den Anmerkungen.

Aly, Götz: Hitlers Volksstaat. Raub, Rassenkrieg und nationaler Sozialismus. Frankfurt a.M. 2005.

Benz, Wolfgang et al. (Hrsg.): Nationalsozialistische Besatzungspolitik in Europa 1939–1945, 9 Bde. Berlin 1996–1999.

Benz, Wolfgang; Graml, Hermann (Hrsg.): Sommer 1939. Die Großmächte und der europäische Krieg. Stuttgart 1979.

Blasius, Rainer A.: Für Großdeutschland – gegen den großen Krieg. Staatssekretär Ernst von Weizsäcker in den Krisen um die Tschechoslowakei und Polen 1938/39. Köln, Wien 1981.

Bloch, Charles: Das Dritte Reich und die Welt. Die Deutsche Außenpolitik 1933–1945. Paderborn u.a. 1993.

Bracher, Karl Dietrich: Die Krise Europas. Frankfurt a.M., Berlin 1993.

Brechenmacher, Thomas (Hrsg.): Das Reichskonkordat 1933. Forschungsstand, Kontroversen, Dokumente. Paderborn 2007.

Broszat, Martin: Nationalsozialistische Polenpolitik 1939–1945. Frankfurt a.M. 1965.

Döscher, Hans-Jürgen: Das Auswärtige Amt im Dritten Reich. Diplomatie im Schatten der »Endlösung«. Berlin 1987.

Emmerson, James Thomas: The Rhineland crisis, 7 March 1936. A study in multilateral diplomacy. London 1977.

Evans, Richard J.: Das Dritte Reich, Bd. 2: Diktatur. München 2006.

Fest, Joachim: Hitler. Eine Biographie. Frankfurt a.M., Berlin, Wien 1973.

Frei, Norbert; Kling, Hermann (Hrsg.): Der nationalsozialistische Krieg. Frankfurt a.M. 1990.

Funke, Manfred: Hitler, Deutschland und die Mächte. Materialien zur Außenpolitik des Dritten Reiches. Kronberg/Ts. 1978.

Funke, Manfred: Sanktionen und Kanonen. Hitler, Mussolini und der internationale Abessinienkonflikt 1934–36. Düsseldorf [2]1971.

Geyer, Michael: Aufrüstung oder Sicherheit. Die Reichswehr in der Krise der Machtpolitik 1924–1936. Wiesbaden 1980.

Graml, Hermann: Europas Weg in den Krieg. Hitler und die Mächte 1939. München 1990.

Graml, Hermann: Zwischen Stresemann und Hitler. Die Außenpolitik der Präsidialkabinette Brüning, Papen und Schleicher. München 2001.

Heineman, John L.: Hitler's First Foreign Minister. Constantin Freiherr von Neurath. Diplomat and Statesman. Berkeley u. a. 1979.

Henke, Josef: England in Hitlers politischem Kalkül 1935–1939. Boppard am Rhein 1973.

Herbst, Ludolf: Das nationalsozialistische Deutschland 1933–1945. Die Entfesselung der Gewalt: Rassismus und Krieg. Frankfurt a. M. 1996.

Hildebrand, Klaus. et al. (Hrsg.): 1939. An der Schwelle zum Weltkrieg. Die Entfesselung des 2. Weltkrieges und das internationale System. Berlin u. a. 1990.

Hildebrand, Klaus: Das vergangene Reich. Deutsche Außenpolitik von Bismarck bis Hitler. Berlin 1999.

Hildebrand, Klaus: Deutsche Außenpolitik 1933–1945. Kalkül oder Dogma? Stuttgart [5]1990.

Hoffmann, Peter: Widerstand, Staatsstreich, Attentat. Der Kampf der Opposition gegen Hitler. München 1985.

Jäckel, Eberhard: Frankreich in Hitlers Europa. Die deutsche Frankreichpolitik im Zweiten Weltkrieg. Stuttgart 1966.

Jäckel, Eberhard: Hitlers Herrschaft. Vollzug einer Weltanschauung. Stuttgart [4]1999.

Jäckel, Eberhard: Hitlers Weltanschauung. Entwurf einer Herrschaft. Stuttgart [4]1991.

Jacobsen, Hans-Adolf: Nationalsozialistische Außenpolitik 1933–1938. Frankfurt a. M. 1968.

Kershaw, Ian: Der Hitler-Mythos. Führerkult und Volksmeinung. München 2003.

Kershaw, Ian: Hitler, 2 Bde. Stuttgart 1998.

Kieser, Egbert: »Unternehmen Seelöwe«. Die geplante Invasion in England 1940. Esslingen 1987.

Kroll, Frank-Lothar: Utopie als Ideologie. Geschichtsdenken und politisches Handeln im Dritten Reich: Hitler–Rosenberg–Darré–Himmler–Goebbels. Paderborn u. a. [2]1999.

Kube, Alfred: Pour le mérite und Hakenkreuz. Hermann Göring im Dritten Reich. München ²1987.

Kuhn, Axel: Hitlers außenpolitisches Programm. Entstehung und Entwicklung 1919–1939. Stuttgart 1970.

Longerich, Peter: Der ungeschriebene Befehl. Hitler und der Weg zur »Endlösung«. München 2001.

Longerich, Peter: Heinrich Himmler. Biographie. München 2008.

Longerich, Peter: Politik der Vernichtung. Eine Gesamtdarstellung der nationalsozialistischen Judenverfolgung. München 1998.

Martens, Stefan: Hermann Göring. »Erster Paladin des Führers« und »Zweiter Mann im Reich«. Paderborn 1985.

Martin, Bernd: Friedensinitiativen und Machtpolitik im Zweiten Weltkrieg 1939–1942. Düsseldorf ²1976.

Michalka, Wolfgang (Hrsg.): Nationalsozialistische Außenpolitik. Darmstadt 1978.

Michalka, Wolfgang (Hrsg.): Ribbentrop und die deutsche Weltpolitik 1933–1940. Außenpolitische Konzeptionen und Entscheidungsprozesse im Dritten Reich. München 1980.

Mühle, Robert W.: Frankreich und Hitler. Die französische Deutschland- und Außenpolitik 1933–1935. Paderborn 1995.

Müller, Rolf-Dieter: Hitlers Ostkrieg und die deutsche Siedlungspolitik. Die Zusammenarbeit von Wehrmacht, Wirtschaft und SS. Frankfurt a.M. 1991.

Neville, Peter: Hitler and Appeasement. The British Attempt to prevent the Second World War. London 2006.

Petersen, Jens: Hitler–Mussolini. Die Entstehung der Achse Berlin-Rom 1933–1936. Tübingen 1973.

Piper, Ernst: Alfred Rosenberg. Hitlers Chefideologe. München 2007.

Pohl, Dieter: Die Herrschaft der Wehrmacht. Deutsche Militärbesatzung und einheimische Bevölkerung in der Sowjetunion 1941–1944. München 2007.

Recker, Marie-Luise: Die Außenpolitik des Dritten Reiches. München 1990.

Rönnefarth, Helmut: Die Sudetenkrise in der internationalen Politik. Entstehung, Verlauf, Auswirkung, 2 Bde. Wiesbaden 1961.

Ross, Dieter: Hitler und Dollfuß. Die deutsche Österreich-Politik 1933–1934. Hamburg 1966.

Schausberger, Norbert: Der Griff nach Österreich. Der Anschluß. Wien, München [2]1979.

Schmidt, Rainer F.: Die Außenpolitik des Dritten Reiches 1933–1939. Stuttgart 2002.

Schöllgen, Gregor: Ulrich von Hassell 1881–1944. Ein Konservativer in der Opposition. München 1990.

Schröder, Hans-Jürgen: Deutschland und die Vereinigten Staaten 1933–1939. Wirtschaft und Politik in der Entwicklung des deutsch-amerikanischen Gegensatzes. Wiesbaden 1970.

Schwabe, Klaus (Hrsg.): Das Diplomatische Korps 1871–1945. Boppard a.R. 1985.

Sommer, Theo: Deutschland und Japan zwischen den Mächten 1935–1940. Vom Antikominternpakt zum Dreimächtepakt. Eine Studie zur diplomatischen Vorgeschichte des 2. Weltkriegs. Tübingen 1962.

Steinbach, Peter; Tuchel, Johannes (Hrsg.): Widerstand gegen die nationalsozialistische Diktatur 1933–1945. Bonn 2004.

Thielenhaus, Marion: Zwischen Anpassung und Widerstand. Deutsche Diplomaten 1938–1941. Die politischen Aktivitäten der Beamtengruppe um Ernst von Weizsäcker im Auswärtigen Amt. Paderborn [2]1985.

Thies, Jochen: Architekt der Weltherrschaft. Die »Endziele« Hitlers. Düsseldorf [2]1976.

Tyrell, Albrecht: Großbritannien und die Deutschlandplanung der Alliierten 1941–1945. Frankfurt a.M. 1987.

Weinberg, Gerhard L.: Hitler's foreign policy. The road to World War II. 1933–1939. New York 2005.

Wendt, Bernd-Jürgen: Großdeutschland. Außenpolitik und Kriegsvorbereitung des Hitler-Regimes. München 1987.

Wiggershaus, Norbert Theodor: Der deutsch-englische Flottenvertrag vom 18. Juni 1935. England und die geheime deutsche Aufrüstung 1933–1935. Bonn 1972.

Wollstein, Günter: Vom Weimarer Revisionismus zu Hitler. Das Deutsche Reich und die Großmächte in der Anfangsphase der nationalsozialistischen Herrschaft in Deutschland. Bonn 1973.

Zehnpfennig, Barbara: Hitlers »Mein Kampf«. Eine Interpretation. München 2000.

Register

Der Autor

Lars Lüdicke, geboren 1977, studierte Neuere und Neueste Geschichte, Politikwissenschaft und Soziologie an der Humboldt-Universität zu Berlin. Er ist Mitarbeiter am Historischen Institut der Universität Potsdam. Zudem ist er u. a. als Mitarbeiter der »Unabhängigen Historikerkommission zur Aufarbeitung der Geschichte des Auswärtigen Amts in der Zeit des Nationalsozialismus und in der Bundesrepublik« beschäftigt.

Rainer F. Schmidt

Der Zweite Weltkrieg
Die Zerstörung Europas

208 Seiten, 10 Abb., geb.
19,90 € [D] / 35,90 SFr / 20,50 € [A]

ISBN 978-3-89809-410-8

Der Zweite Weltkrieg verwandelte Europa in eine Leichen- und Trümmerlandschaft. Rainer F. Schmidt beschreibt Ursachen und Verlauf dieses Krieges: die ersten erfolgreichen »Blitzfeldzüge« der Wehrmacht, den Raub- und Vernichtungskrieg gegen die Sowjetunion und den zu Lande, zu Wasser und in der Luft geführten Kampf gegen Großbritannien und die USA. Die Gründe für die unausweichliche Niederlage Deutschlands werden dabei genauso in den Blick genommen wie die alliierten Pläne für die Gestaltung einer Nachkriegsordnung.